Allegria

Die Autorin

Lesley Morrison lebt in Vancouver, Kanada und studierte
Anthropologie und Psychologie. Sie arbeitet eng mit indiani-
schen Heilern und Medizinfrauen. Der Kern ihrer Arbeit liegt
darin, die Tierwelt innerhalb ihrer religiösen, spirituellen und
multikulturellen Bedeutung zu erforschen. Lesley arbeitet als
Ornithologin und Tierschützerin.

Lesley Morrison

Die Weisheit der Vögel

Der tägliche Umgang
mit ihren Liedern und Symbolen

Aus dem Amerikanischen von
Sabina Trooger und Vincenzo Benestante

Ullstein

Besuchen Sie uns im Internet:
www.ullstein-taschenbuch.de

Allegria im Ullstein Taschenbuch

Ullstein Taschenbuch ist ein Verlag der
Ullstein Buchverlage GmbH, Berlin
Deutsche Erstausgabe im Ullstein Taschenbuch
1. Auflage April 2013
© der deutschsprachigen Ausgabe 2013 by
Ullstein Buchverlage GmbH, Berlin
Originalausgabe
THE HEALING WISDOM OF BIRDS:
AN EVERYDAY GUIDE TO THEIR SPIRITUAL
SONGS & SYMBOLISM
© 2011 by Lesley Morrison, erschienen bei Llewellyn
Publications Woodbury, MN 55125 USA, www.llewellyn.com
Umschlaggestaltung: FranklDesign, München
Umschlag- und Buchillustrationen: © Kate Birch
Lektorat: Marita Böhm
Gesetzt aus der Garamond
Satz: Keller & Keller GbR
Papier: Pamo Super von
Arctic Paper Mochenwangen GmbH
Druck und Bindearbeiten:
GGP Media GmbH, Pößneck
Printed in Germany
ISBN 978-3-548-74569-5

Inhalt

Einführung 7

KAPITEL 1 *Die Vogelgöttin* 13

KAPITEL 2 *Das kosmische Ei* 27

KAPITEL 3 *Die Vogelschamanen* 35

KAPITEL 4 *Vögel in Magie und Religion* 55

KAPITEL 5 *Seelenalchimie und Vogelflug* 71

KAPITEL 6 *Federn* 87

KAPITEL 7 *Vogelmedizin* 99

KAPITEL 8 *Danken, Zurückgeben* 237

Bibliografie 247
Fußnoten 251
Kontakt zur Autorin 253

Für Kailey, Rachael, Hunter,
Mama & Papa

Einführung

Zeus wird dem die Eiche klopfenden Specht
das Zepter nicht schnell zurückgeben.
Leicht ist bewiesen
durch bedeutende, reichliche Zeugnisse,
dass in prähistorischen Zeiten Vögel, nicht Götter,
Herrscher der Menschen und Herren der Welt waren.

Aristophanes, Die Vögel [1]

Als ich dieses Projekt begann, fragten mich viele Leute, was mich dazu bewog, ein ganzes Buch über Vögel zu schreiben. Und was war die Antwort? Ich hatte ganz einfach Tag und Nacht keine Ruhe, bis ich anfing. Das Universum teilt uns seine Ratschläge auf eigenartige Weise mit, und nach vielen Begegnungen mit gefiederten Wesen und zahlreichen riskanten Rettungsaktionen hatte ich die Botschaft endlich verstanden. Mir wurde bewusst, dass eine Aufgabe vor mir lag, zu der ich lautlos, aber ständig und unnachgiebig gedrängt wurde: Ich musste Vögeln und ihrer Welt mehr Aufmerksamkeit widmen. Ich war wie besessen davon, bis ich die Endfassung dieses Manuskripts fertiggestellt hatte.

Beim kreativen Schreiben dieses Buches erlebte ich eine seltsame Mischung aus Freude, Trauer, Faszination und Staunen. Ich las viele Bücher über Vögel, die mich zum Weinen brachten und dazu nötigten, die ganze Geschichte der Vögel und ihre Tragödien, aber auch die ihnen geweihte Verehrung sowie alle ihre Verknüpfungen mit der komplexen Menschenwelt zu erforschen. Die enge Beziehung zwischen Menschen und Vögeln ist uralt, aber irgendwann im Lauf der Zeit verschlang das unersättliche dreiköpfige Ungeheuer, das wir Zivilisation, Fortschritt und Modernisierung nennen, eine sehr wichtige Philosophie. Die meisten Menschen wissen gar nicht, dass Anfang des zwanzigsten Jahrhunderts etwas so Greifbares wie die Damenmode beinahe die riesigen Kranichschwärme ausradiert hätte. Man tötete Hunderttausende dieser Vögel wegen ihres Gefieders, und der Kranich wäre um der modischen Damenhüte willen fast ausgerottet worden.

Was ist in der menschlichen Seele nur so schiefgegangen, dass wir einen derart entsetzlichen Verrat am Leben selbst zulassen? Wenn Sie dieses Buch gelesen haben, werden auch Sie sich nach einer Antwort sehnen. Aber ich werde mich in diesem Buch nicht allzu intensiv mit den Tragödien der Vögel befassen, sondern möchte Sie einladen, den tiefen Einfluss, den Vögel auf die Menschheit ausübten, und die Faszination, mit der sie einst die Herzen und Seelen der Menschen erfüllten, zu feiern. Für mich gibt dieses Buch der Welt der Vögel, für die die Zeit fast abgelaufen ist, eine Stimme in einer finsteren Einöde.

Die Reise beginnt mit dem Symbol der Vogelgöttin, die in vielen wichtigen Kulturen der Welt eine Schlüsselstellung einnimmt. Danach wenden wir uns dem kosmischen Ei zu, einem weltweiten Mythos vom Uranfang der Welt. Daraufhin untersuchen wir die Rolle von Vögeln und Federn im Schamanismus und in der Magie und schließlich befassen wir uns eingehend mit Dutzenden von spezifischen Vogelarten und ihren historischen und spirituellen Eigenschaften.

Sie werden entdecken, dass die Vogelsymbolik ein unsichtbarer, aber trotzdem unübersehbarer roter Faden ist, der die Vergangenheit mit der Gegenwart verbindet.

Unsere Forschungsreise führt uns in große Tiefen und lädt Sie in die archetypische Welt der geflügelten Wesen ein. Als Leser und Vogelfreund werden Sie die Ursprünge und Gründe für die tiefe Bedeutung erkennen, die Vögel auf der ganzen

Welt als spirituelle Führer, Omen, Helfer und unübertroffene Bewohner der Lüfte haben. Ich hoffe, dieses Buch inspiriert Sie dazu, Vögeln mehr Liebe und Achtung entgegenzubringen und sich aktiver für ihren Schutz einzusetzen.

Am Ende des Buches finden Sie eine Liste von Vogelschutzorganisationen und einige praktische Anregungen, die wir alle im Alltag befolgen können, um unseren gefiederten Freunden zu einem erfüllten und glücklichen Leben zu verhelfen.

1

Die Vogelgöttin

Die Figur der Vogelgöttin schien mir der ideale Einstieg in eine Untersuchung der Vogelsymbolik zu sein. Sie ist in der Mythologie ein stets gegenwärtiger Archetyp und hat viele Vogelerzählungen und viele Formen des Aberglaubens über Vögel beeinflusst, die uns heute noch begegnen. Als ich meine Recherchen begann, folgte ich den Spuren dieser Göttinnen rund um die Welt. Ich war nicht überrascht, dass viele von ihnen von Vögeln begleitet werden, als Vogel auftreten oder in Verbindung mit einem Attribut dieser gefiederten Wesen dargestellt werden. Die Jahrhunderte sind voller wilder, glorreicher Flügelwesen, die als Erscheinungsform der uralten Göttinnen auftraten.

Da gab es Athena, die berühmte Schutzgöttin der griechischen Welt, mit ihrem geliebten Eulenbegleiter, und Saraswati, die ostindische Göttin der Weisheit, in ihrem von großen weißen Schwänen gezogenen Wagen. Diese Symbole verweisen auf ein uraltes Mysterium, das zwischen Vögeln und göttlichen Wesen bestand und viele Jahrhunderte lang in den Erzählungen sämtlicher Kulturen lebendig blieb.

Und so entfaltete sich das Mysterium. Bereits vor zwei Millionen Jahren in der Altsteinzeit nahmen Menschen die Verbindungen zwischen Vogel und Geist wahr. Die uralten Höhlen waren mit vogelartigen Darstellungen geschmückt: als Kunstwerk, als Ausdruck einer schamanistischen Vision oder als eine frühe Form der Anbetung, die dem heutigen Auge fremd und vielleicht sogar bedrohlich erscheint. Solche Bilder gehören in der Weltmythologie zu den beständigsten Symbolen und entwickelten sich im Lauf der Zeitalter immer weiter, von einer Gottheit zur anderen; aber immer verschmolzen sie mit derselben Urnatur der Mutterfigur. Häufig dominieren Vögel alle anderen Tiere als Symbol dieser kultischen Gestalt, die man die große Muttergöttin nennt.[2]

Diese kulturelle Verehrung der Vögel ergab in den vorwissenschaftlichen Epochen, als alles Nichtmenschliche geheimnisvoll und faszinierend erschien, mehr Sinn als heute. Sogar im Römischen Reich verließ man sich trotz des hohen politischen und kulturellen Entwicklungsstandes auf Vögel bei Orakelbefragungen. Zum Beispiel waren das Verschwinden und die Rückkehr der Zugvögel unerklärliche Phänomene, wäre doch in der antiken Welt das Nachvollziehen ihrer Flugrouten eine unvorstellbare Großtat gewesen.

Aufgrund dieser lückenhaften wissenschaftlichen Kenntnisse entstand eine Welt voller Aberglauben und Mythen, deren Mittelpunkt häufig eine mächtige Vogelgottheit war.

Viele Aspekte des weltweiten Glaubens über Vögel entstammten in Wirklichkeit den mythologischen Geschichten über die Taten und spirituellen Aufgaben der Gottheiten, die von Vögeln begleitet wurden. Den meisten Menschen ist der Archetyp der »weisen alten Eule« vertraut, der auf Athena, die griechische Göttin der Weisheit, zurückgeht. Die Krähe, die als schlechtes Omen galt und im Lauf der Jahre einen schlechten Ruf bekam, half der irischen Göttin Morrigan dabei, die Gefallenen auf dem Schlachtfeld zu fressen. Das Studium dieser Mythen hilft unserer entfremdeten modernen Sichtweise, etwas Universelles zu begreifen: etwas, das alle Puzzleteile wieder zusammensetzt.

In der Jungsteinzeit sah man die Vogelgöttin auch als Spenderin des lebenswichtigen Regens. Diese Auffassung entwickelte sich viel später zu Mythen und Aberglauben über die Fähigkeit der Vögel, das Wetter vorherzusagen und zu kontrollieren. Diesem frühen Glauben entstammt das multikulturelle Phänomen der Omen oder Weissagung durch Vogelbeobachtung, das wir später in diesem Buch näher untersuchen werden.

In der Kunst der Bronzezeit (3300–1200 v. Chr.) und auch auf viel späteren Abbildungen stellten die Künstler häufig Enten als Schiffe dar oder zeigten sie beim Ziehen unterschiedlicher Wagen, in denen die Göttin selbst reiste. Dies ist eines meiner Lieblingsmotive, denn es unterstreicht die Rolle des Vogels als eine Art Führer auf der spirituellen Reise, ähnlich der schamanistischen Visionssuche. Schon sehr früh wurde der Vogel zum Begleiter der Göttin und unterstützte ihre andersweltlichen Kräfte.

In der Bronzezeit erscheinen viele weitere Abbildungen von Vögeln und der Muttergöttin und auch von dem kosmischen Ei, das vom kosmischen Muttervogel gelegt wurde und aus dem das gesamte Universum ausschlüpfte. Das Aufbrechen dieses Eies war in vielen Weltmythologien der Beginn von Zeit und Raum (im nächsten Kapitel wird das Motiv des kosmischen Eies eingehender erläutert). Wegen seiner Verknüpfung mit diesem ursprünglichen Lebensspender ist es das eindeutigste Beispiel für den Vogel als Symbol der Fruchtbarkeit.

Ein weiterer faszinierender Hinweis auf das Vogel-Göttin-Mysterium wurde auf den Orkneyinseln ausgegraben: Dort fand man fünfunddreißig Seeadler, die zusammen mit menschlichen Skeletten bestattet worden waren. Vielleicht verweist dies auf die Rolle der Vögel als Reisegenossen oder gar als Transportmittel zur Anderswelt, die sie nach dem Tod eines Menschen übernehmen. Doch dies ist nur einer von vielen deutlichen Hinweisen auf eine verlorene uralte Verbindung zwischen Vögeln und der Göttin als Symbole des Todes und der Erneuerung.

Viele Mythen auf der ganzen Welt berichten von einer Göttin, die der Menschenwelt in Vogelgestalt Botschaften bringt. Dies ist nicht lediglich eine archaische Vorstellung, sondern ein Konzept, das überall mit eingewoben wurde und in den neuheidnischen Traditionen heute noch existiert. Der Vogel war für die Anhänger heidnischer Religionen einst das heiligste aller Tiere und gehört auch zu den frühesten Totemverbündeten vieler schamanistischer Kulturen. Der frühgriechische Dichter Homer schrieb, dass die Göttin sich in einen Vogel verwandeln konnte.[3]

Solche spirituell ermächtigenden Bilder haben für eine universelle Gemeinsamkeit gesorgt und erzählen auf faszinierende Weise, wie der Frühmensch sich selbst innerhalb des großen, unbekannten Kosmos wahrnahm. Obwohl der Mensch im Vergleich zu vielen anderen Spezies nicht besonders alt ist, hat er mit Sicherheit von Anfang an die Bedeutung der Natur begriffen, insbesondere der Welt der Tiere und der Vögel. Ich glaube, dass die heutige Welt ein völlig anderer Ort wäre, wenn sich der menschliche Geist nicht so weit von dieser einsichtigen Lebensweise entfernt hätte.

Eine nähere Untersuchung der Vogelgöttinnen

Die im Folgenden dargestellten Göttinnen waren in der gesamten Geschichte stets mit Vögeln verknüpft und gehen häufig direkt auf die jungsteinzeitlichen Bildnisse der Göttin zurück. Benutzen Sie diese Zusammenfassung als Ausgangspunkt für Ihre eigene Erforschung der Vogelgöttinnen.

Inanna: göttliche Eulenherrin

Die komplexe Göttin Inanna hat eine sehr alte Vogelverbindung. Sie war die geliebte babylonische Himmelskönigin, und seit dem dritten vorchristlichen Jahrtausend beschrieben die

Mythen sie als große Muttergöttin-Figur. Inanna war offenbar eine widersprüchliche Göttin, denn sie galt sowohl als Gottheit der Liebe als auch des Krieges und wurde immer mit vielfachen Aspekten dargestellt. Da sie eine Himmelsgöttin war, ist es kein Wunder, dass sie häufig von einem Vogel begleitet wurde. Ihre wichtigsten Vogelsymbole oder Vogelbegleiter waren die Taube, die Eule und die Schwalbe, wodurch sie kulturell eindeutig mit den jungsteinzeitlichen Vogelgöttinnen früherer Epochen verknüpft ist.

Man darf jedoch die Eule als stärkste Vogelmanifestation Inannas betrachten, da beide eine spirituelle Verbindung zum Tod und zu der unweigerlich folgenden Regeneration besaßen. Oft wurde die Göttin mit tödlichen Eulenkrallen dargestellt, was auf ihre Verbindung zur Unterwelt verweist.

Ihre mythologischen Geschichten enthalten sogar einen heroischen Abstieg in die Unterwelt und unterstreichen dadurch ihre Verbindung zu diesem bedeutenden Vogel, der historisch als Omen des Todes gilt. Interessanterweise ist das sumerische Wort für Eule *Ninna*, und der Name *Nin-ninna*, den die Göttin in ihrer Eulengestalt trägt, bedeutete *göttliche Eulenherrin*. Wie ein großer geflügelter Vogel galt Inanna als Herrscherin der Lüfte und des Himmels.

Freya: Göttin des gefiederten Umhangs

Freya oder Freia war eine faszinierende Göttin und ist eine meiner Lieblingsgottheiten der Mythologie, denn ihre Eigenschaften scheinen die schamanistischen Traditionen widerzuspiegeln. Es hieß, dass sie einen zauberkräftigen Umhang aus Falkenfedern besaß, der es ihr ermöglichte, sich in jede Vogelart zu verwandeln. Diese Fähigkeit der Gestaltwandlung war natürlich ein wesentlicher Aspekt früher schamanistischer Praktiken. Der Umhang hieß *Valschamr*, was »Falkengefieder«, »Falkenhaut« oder »falkenfedriger Umhang« bedeutet. Freya galt auch als große Seherin, wodurch sich in ihr die scharfen Augen des Falken mit der magischen Fähigkeit des prophetischen Sehens vollkommen vereinigten. In allen Mythologien benutzen Göttinnen und Schamanen häufig die Macht der Vögel und ihrer Federn, um magische Handlungen zu vollziehen.

Athena: strahlenäugige Eulengöttin

Athena, die eulenäugige oder eulengesichtige Göttin des Krieges und der Weisheit, war die Schutzherrin des Kunsthandwerks; und die Eule, der weiseste aller Vögel, war eines ihrer wichtigsten Symbole. Athena war die dominierende Göttin der antiken griechischen Stadt Athen, aber ihre Verknüpfung mit dem Tauchhuhn und der Eule reicht noch weiter zurück. Auf einer korinthischen Vase des sechsten Jahrhunderts v. Chr. ist Athena in ihrem Streitwagen abgebildet, und hinter ihr reitet ein Vogel mit einem Frauenkopf auf einem Pferd. Dieses archaische Bild verdeutlicht ihre Abstammung von früheren jungsteinzeitlichen Bildern der Vogelgöttin und hilft uns, die Spuren ihrer kultischen Evolution zu verfolgen.

Wir begegnen ihrer Verwandtschaft mit einer früheren Vogelgöttin, die sowohl Eulen- als auch Menschengestalt annehmen konnte, in Homers *Odyssee*, wo die Göttin meist mit rauschenden Flügeln oder in Gestalt eines mit ihr verknüpften Raubvogels verschwindet. Vorausgesetzt, dass Athena tatsächlich von der Eulengöttin viel früherer Epochen abstammt, entspricht ihre Rolle als altgriechische Weisheitsgöttin ebenfalls der Eulengöttin; denn es war der intensive, starrende Blick der Eule, der sie zu einem Symbol der strahlenden Weisheit und Intelligenz machte.

Aphrodite: Herrin der Liebe

Eine der bekanntesten Göttinnen der Welt, die griechische Aphrodite, die in Rom Venus heißt, ist auf ähnliche Weise mit der Symbolik der antiken Taubengöttin von Kreta verknüpft. Aphrodite demonstriert ihre Abstammung von dieser kultischen Vogelgöttin durch ihre vielfachen Vogelgestalten und Vogelerscheinungen, insbesondere der Taube, die als Urform dieser Vogelgöttin gilt. Ihre anderen Vogelbegleiter sind der Schwan und die Gans, und oft wird sie rittlings auf einem dieser beiden majestätischen Vögel dargestellt, wie sie elegant durch die Lüfte reitet. Dies ist ein weiteres Beispiel dafür, wie verschiedene kulturelle Praktiken die Entwicklung der archetypischen Bildsymbolik beeinflussen. Das Weiß des Schwans verweist auf Aphrodites Reinheit und Würde, und in der gesamten Bronzezeit wurde dieser Vogel häufig als ihre alternative Erscheinungsform dargestellt. Die Assoziation des Schwans mit Liebe und Schönheit entstammt der uralten Bildsymbolik dieses Vogels als Begleiter der Liebesgöttin.

Artemis: Göttin der Wildnis

Die antike griechische Göttin Artemis herrschte über die Wildnis und alle Kreaturen, die dort leben. Sie war die Schutzherrin der Jagd und verkörperte das Gleichgewicht zwischen Mitgefühl mit den Tieren und der Tatsache, dass man sie jagte, um sich zu ernähren und zu überleben. Obwohl Artemis normalerweise mit einem Reh abgebildet wird, ist sie auch eine Vogelgöttin und erscheint zuweilen zusammen mit dem Perlhuhn oder dem Bussard. Von allen Vogelgöttinnen ist Artemis am engsten mit dem uralten Motiv des Vogels auf einem Stock verknüpft, das bis zu den altsteinzeitlichen Höhlenmalereien zurückreicht. Dieses Bild wird oft mit dem

Baum der Göttin identifiziert und ist auf der ganzen Welt ein starkes schamanistisches Symbol. Auch Amulette mit Sonnenfalken oder Vögeln auf einer Stange sind häufig im Zusammenhang mit Artemis gefunden worden.

Saraswati: göttliches Schwanenmädchen

Saraswati ist die Hindugöttin des Wissens und wurde im Lauf der Jahrhunderte auf vielen eindringlichen Bildern zusammen mit ihren wunderbaren Vogelbegleitern dargestellt. Traditionell erscheint sie mit zwei verschiedenen Vögeln, dem Pfau und dem Schwan – je nachdem, welcher philosophischen Tradition Sie nachgehen. Man nimmt an, dass die beiden Gestalten, wenn sie zusammen dargestellt werden, die beiden Formen des Wissens verkörpern: die weltliche (materielle) und die transzendentale (spirituelle). Der Schwan gilt in der indischen Mythologie als Symbol der Transzendenz und der Vollkommenheit, und als Saraswatis Begleiter repräsentiert er die höhere Ebene des Geistes, die durch den Erwerb von Wissen erreicht wird. Es existiert auch der Glaube, dass ein Schwan unvermischte Milch jeder mit Wasser verdünnten Milch vorzieht. Als Begleiter und Reittier der Weisheitsgöttin symbolisiert der Schwan somit die Notwendigkeit, zwischen richtigen und falschen Handlungen zu unterscheiden und sich bei allen Taten vom Wissen leiten zu lassen.

Lakshmi: Göttin des glücklichen Geschicks

Lakshmi, eine weitere Eulengöttin, wurde in der Frühzeit hauptsächlich als Erdgöttin verehrt. Im *Ramayana*[4] ist sie eine wunderschöne Göttin des glücklichen Geschicks und des Reichtums und »einer der Schätze, die aus dem Kirnen des Milchozeans geboren wurden«. Lakshmis wichtigster Vogel ist die Eule. Ich finde diese Verbindung interessant, denn die Eule wird nicht oft mit Glück und Reichtum assoziiert, sondern verkörpert sogar meist das Gegenteil; aber in diesem Fall scheint es passend, denn Lakshmi schenkt landwirtschaftlichen Wohlstand, und die Eule ernährt sich von den Nagetieren, die die Ernte zerstören.

Oshun: Göttin der Schönheit und des Lebens

Viele der lebendigsten Mythen der Welt stammen aus Afrika, und Oshun, eine der afrikanischen Hauptgottheiten, verkörpert die kühne, primitive Schönheit dieser Göttin. Sie hat den gleichen Namen wie der nigerianische Fluss Oshun und ist die Yoruba-Orisha (Gottheit) der Süßwasserflüsse, die das Leben erhalten. Sie herrscht über Liebe, Intimität, Wohlstand, Schönheit und Tanz. Oshun verkörpert die Farben des Pfaus und des Papageis, ihrer beiden wichtigsten Begleitvögel, die beide durch ihr Gefieder Schönheit und Freude ausstrahlen. Wie diese Vögel besitzt Oshun Schönheit und erinnert uns an unsere Fähigkeit, Schönheit um ihrer selbst willen zu erschaffen. Oshuns Fächer aus Pfauenfedern wird von Neuinitiierten verwendet, um sich zu reinigen und Hindernisse zu entfernen.

Morrigan: Herrin der Krähen

Viele Göttinnen der keltischen Tradition, insbesondere die aggressiveren, die über Krieg und Tod herrschten, waren eng mit der Krähe und dem Raben verknüpft. Diese Vögel waren der Morrigan, der rothaarigen Schlachtengöttin der Tuatha De Danaan, besonders heilig. Morrigan warnt vor kommenden Schlachten, spornt ihre auserwählte Partei an und nimmt schließlich die Gestalt einer Krähe oder eines Raben an, um sich von den Gefallenen zu ernähren. Mit der Zeit erwarben sich diese Vögel aufgrund ihres Auftauchens während oder nach einer Schlacht den Ruf, Vorboten des Todes oder schlechte Omen zu sein. In allen europäischen Kulturen waren Krähen und Raben mit der Anderswelt und den dort wohnenden Wesen verbunden. Sogar heute betrachten wir sie noch immer mit einem gewissen Misstrauen, denn die alten Mythologien hallen weiterhin in der menschlichen Psyche nach.

Lil-Lilith/Lilith: die Schleiereule

Lil-Lilith ist eine interessante Verbindung zwischen Vogel und Göttin, denn an ihrem Beispiel erkennen wir, wie die alten heidnischen Gottheiten nach dem Aufstieg des Christentums in die Kirche integriert wurden. Lilith war eine sumerisch-akkadische Göttin, deren Name später in der hebräischen Torah (dem christlichen Alten Testament) auftaucht. Man nahm an, dass der Name Lilith Schleiereule bedeutet und dass ihre uralte Verknüpfung mit diesem Vogel der Unterwelt somit zu ihrem sündhaften Charakter in der Bibel beitrug. Wie viele frühe Göttinnen wurde Lilith durch die biblische Adaption der heidnischen Gottheiten ihrer heiligen Natur beraubt. Wahrscheinlich war Lilith als Göttin mit den erneuernden Kräften des Todes verbunden; und sie wurde von der Eule begleitet: einem Vogel, der naturgemäß den Tod und die Unterwelt beherrscht.

Isis & Nekhbet: Göttinnen des Nils

Isis, eine der bekannteren ägyptischen Gottheiten, war die Göttin der Erneuerung und der Magie. Als eine der Wächterinnen des Sarkophags des Pharaos erschien sie in der altägyptischen Kunst als großer geflügelter Vogel, oft in Gestalt eines Falken. Als ihr Gemahl Osiris ermordet wurde, manifestierte sie sich als gewaltige jungsteinzeitliche Vogelgöttin und schlug mit ihren ausgebreiteten Flügeln, um ihn ins Leben zurückzurufen. Abgesehen vom Falken erscheint sie zusammen mit ihrer Schwester Nephthys insbesondere als Milanfalke oder als mächtiger Geier, der die Seele befreit, indem er das Fleisch des Leichnams vertilgt. Da sie ihren Gemahl wieder zum Leben erweckte, ist der Geier der ideale Vogelbegleiter der Isis als Erneuerin des Lebens nach dem Tod.

Nekhbet, eine weitere ägyptische Geiergöttin, wurde zur Nationalgöttin und dem Symbol Oberägyptens. Sie ist eine der wichtigsten in den Pyramidentexten erwähnten Gottheiten und wird als Geier dargestellt, der über dem Pharao schwebt und ihn mit seinen ausgebreiteten Flügeln beschützt – oder auch als weibliche Gestalt, deren Kopf von einer Geierhaut bedeckt ist.

Rhiannon: große Königin der Magie

In der keltischen Überlieferung war die schöne und mächtige Göttin Rhiannon (ihr Name bedeutet »große Königin«) eng mit Vögeln verknüpft. Oft sieht man sie in Begleitung dreier Singvögel, gewöhnlich als Amseln abgebildet, die die Toten wiedererwecken konnten und den müden Helden vorsangen, um sie in Schlaf zu versetzen. Amseln galten als Torhüter der Unterwelt, und im *Mabinogion*[5] erzählt das »Lied der Branwen« davon, dass diese Zaubervögel auf einer magischen Feier singen.

Rhiannons Verbindung zu Vögeln unterstreicht ihre magischen Fähigkeiten und den jahrhundertealten Glauben, dass der Gesang der Vögel eine Brücke zwischen der Menschenwelt und den spirituellen Welten schlagen kann.

Einige Vogelgötter der Weltmythologie

Obwohl sie hauptsächlich mit Göttinnen verknüpft waren, werden Vögel auch als Begleiter einiger männlicher Gottheiten erwähnt. In Verbindung mit Göttern waren dies meist Sonnenvögel, zum Beispiel der Falke, der Habicht und der Adler.

Re war der wichtigste Sonnengott Altägyptens und wurde oft anthropomorph mit dem Kopf eines Falken dargestellt, den eine Sonnenscheibe krönt. Viele uralte Sonnengötter, sowohl in Ägypten als auch anderswo, wurden mit Vögeln assoziiert, insbesondere mit Falken, da diese die Fähigkeit besitzen, nahe an der Sonne zu fliegen.

Horus war die wichtigste Vogelgottheit der altägyptischen Religion. Der Falke, das Symbol dieses Gottes, scheint als Vertreter der größten kosmischen Mächte das am häufigsten angebetete Tier zu sein. Viele ägyptische Gottheiten wurden entweder mit dem Kopf eines Falken oder mit den Flügeln dieses Vogels abgebildet.

Hraesvelgr, ein Wintergott, trägt Adlergefieder und steuert die eisigen Winde von Vasud, um die Sterblichen damit zu peinigen.

Odin, der Hauptgott des nordischen Heidentums, ist mit Weisheit, Krieg, Prophezeiung, Magie, Poesie, Gestaltwandlung, Sieg und der Jagd verbunden. Odins Begleitvögel Hugin (Gedanke) und Munin (Erinnerung) reisten durch die ganze Welt und kehrten jede Nacht zu Odin zurück, um ihm über die Taten der Menschen zu berichten. Ein altes nordisches Prosastück über dieses Rabenpaar erzählt: »Um die ganze Welt, jeden Tag, fliegen Hugin und Munin; ich sorge mich, dass Hugin abstürzen könnte, doch noch mehr Angst habe ich um Munin.«[6]

2

Das kosmische Ei

Vor langer Zeit, als alles
Lebendige und Nichtlebendige in
einem schrecklichen Ozean verloren war,
erschien ein großes Ei,
Ursprung der Saat aller Wesen.[7]

Zunächst war ich nicht sicher, ob ich dieses Kapitel überhaupt beifügen sollte. Aber weil das Sinnbild der Vogelgöttin so bestimmend ist und die Grundlage der späteren Vogelgottheiten war, fand ich, dass das Ausklammern einer Studie über die Mythologie des kosmischen Eies ein gähnendes Loch in das Gesamtbild der Vogelsymbolik gerissen hätte. Das Ei gehört zu den Symbolen, die sich nicht von den reichen Anfängen der Vogelmythologie trennen lassen, und sehr wahrscheinlich ist es sogar der Beginn der jahrhundertealten Vogelverehrung.

Die Faszination des Eies beruht auf seiner Symbolik, durch die sich universelle Erfahrungen metaphorisch ausdrücken lassen. Es ist ein Archetyp der Geburt und aller sich in der Entstehung befindlichen Dinge. In den Mythen der Welt gilt das Ei häufig als Anfang der Welt, sogar des ganzen Kosmos, und ist das beliebteste Symbol der Fruchtbarkeit und des Mutterleibes der Muttergöttin. Es ist ein heiliges Symbol für alle, die Vögel in einem größeren, spirituellen Zusammenhang verstehen wollen. Ein weiteres Geheimnis des Vogels ist seine »doppelte Geburt«, zuerst durch die Mutter, die das Ei legt, und dann durch seine eigene Befreiung aus der Enge der Eierschale. Es heißt, dass Vögel zweimal geboren werden, und dies macht ihre Geburt zu einem mächtigen Transformationssymbol, ähnlich dem Schmetterling.

Wer viele Schöpfungsmythen untersucht hat, wird von der ständigen Wiederkehr des kosmischen Eies fasziniert sein, das den Samen verkörpert, aus dem der Kosmos geboren wird. Als universelles Symbol des neuen Lebens und des grenzenlosen Potenzials der Schöpfung birgt das kosmische Ei in seiner Schale die Möglichkeiten jedweder Existenz.

In vielen Schöpfungsmythen um das Ei wird es von einem Vogel, oft in Gestalt einer menschenähnlichen, großen Vogelgöttin, auf das Urgewässer gelegt. Manchmal steigt das Ei auch aus einer Leere auf oder aus einem Abgrund oder aus einem Ort des »Nichtseins«. In anderen Versionen der Schöpfungsgeschichte schlüpft die menschliche Rasse aus dem kosmischen Ei aus oder sie stammt von einem Schöpfungsgott ab, der die Schale zerbricht und danach die Welt erschafft.

Die Vogelgöttin, die wir im vorherigen Kapitel untersucht haben, ist vom Ei-Symbol und der Ei-Mythologie nicht zu trennen. Sie ist die ursprüngliche Trägerin des Eies und die Spenderin neuen Lebens. Das Sinnbild des kosmischen Eies ist das älteste noch existierende Symbol für die ewige Wiedergeburt des Lebens und gehört zum Mythos der Vogelgöttin, weil sie die *Quelle* des Lebens ist.

Außerdem ist das Ei eng mit dem Wasser verbunden: dem ursprünglichen Element, in dem das Leben heranreift. Das Ei als Symbol des Mutterleibs war ein Lieblingsthema der Künstler im alten Europa und gelangte durch die Kosmologie in spätere kulturelle Traditionen. In der heidnischen Welt gehörten Abbilder der Göttin, des Eies und des Vogels als Darstellungen der fundamentalen Kräfte schöpferischer Macht untrennbar zusammen.

Seit der Altsteinzeit entstanden Vasen und Krüge in Vogelgestalt als Ruheplätze für Seelen, die auf die Wiedergeburt warten. In der altägyptischen Mythologie war das Ei-Symbol sehr beliebt, und es hieß, dass das Ur-Ei in der »Zeit des

Nichtseins« entstand. In der *Chandogya-Upanischad*, einem Hindutext, begegnen wir dem gleichen Konzept des »Nichtseins«, dem das Leben entsprang:

Am Anfang war diese Welt lediglich Nichtsein ... Sie entwickelte sich. Sie wurde zu einem Ei. Es lag ein Jahr lang da. Es spaltete sich entzwei. Eine Hälfte der Schale wurde zu Silber, die andere zu Gold. Was aus Silber war, ist die Erde. Was aus Gold war, ist der Himmel. Was die Außenmembrane war, sind die Berge. Was die Innenmembrane war, sind Wolken und Nebel. Was die Adern waren, sind die Flüsse. Was die Flüssigkeit war, ist der Ozean. Und was daraus geboren wurde, ist jene Sonne dort.

Drittes Prapathaka – neunzehntes Khanda, 1–3 [8]

Das kosmische Ei selbst wird in der Mythologie meist entweder als gold- oder silberfarben beschrieben, denn diese Farben stehen für die Sonne und den Mond.

In einem kosmischen Ei-Mythos aus Tibet, wo es unzählige derartige Geschichten gibt, bringen die Wassergeister aus vier Ur-Eiern die Menschenklassen der tibetischen Sozialstruktur hervor. Es heißt, dass aus dem goldenen Ei die Könige kamen und aus dem türkisfarbenen die Diener. Ein Eisen-Ei brachte die religiösen Führer und Heiligen hervor, und die sozial Ausgestoßenen entstiegen einem bronzefarbenen Ei.

In einem der ältesten Ei-Schöpfungsmythen aus Tibet gibt es fünf Urelemente: Festigkeit, Flüssigkeit, Hitze, Bewegung und Raum, die zusammenschmelzen, um zwei große Eier zu bilden. Eines der Eier, »Strahlend« genannt, besteht aus weißem Licht, und das andere, genannt »Schwarzes Elend«, besteht aus Dunkelheit. Das strahlende Ei bricht auf und wird zu den Gottheiten (Göttern) des Universums. Dem Schwarzen Elend entsteigt ein Wesen, das Unwissenheit, Wahnsinn, Pestilenz und Dämonen in die Welt bringt.

Der chinesische Ei-Schöpfungsmythos beschreibt, wie die gegensätzlichen Prinzipien von Yin und Yang entstanden, als das Ei aufbrach. In einem Mythos aus Borneo gibt es zwei Schöpfungsgeister, die Vogelgestalt annehmen und auf die Urgewässer herabstoßen, aus dem sie zwei Eier holen. Ein Ei wird zur Erde, das andere zum Himmel. Die Dogon aus Westafrika haben eine kosmische Ei-Mythologie, in der ihr Schöpfergott Amma selbst die Form eines Eies annimmt, das die Möglichkeiten des gesamten Kosmos enthält. In einer anderen Version versetzt die Schöpfergottheit zwei embryonale Zwillingspaare in ein Ei, die, nachdem sie ausgeschlüpft sind, gemeinsam die Welt erschaffen.

Im griechischen Mythos des orphischen Mysterienkults aus dem siebten vorchristlichen Jahrhundert kreiert die *Zeit* in Gestalt des Kronos ein silbernes Ei, aus dem Phanes, der androgyne Schöpfer des Universums, geboren wird.

In seinem Werk *Die Vögel*, das im Jahr 414 v. Chr. in Athen uraufgeführt wurde, gibt Aristophanes eine schelmische Beschreibung der Weltschöpfung, die von den Stimmen der Vögel erzählt wird: »Das Erste, das Erstgeborene der schwarz gefiederten Nacht« wird als »Wind-Ei, ausgebrütet im Schoß der Erde«, bezeichnet.

In einem Mythos aus Tahiti wohnt der Schöpfergott selbst in dem kosmischen Ei. Als er schließlich durch die Schale bricht, formt er ein Ebenbild seiner selbst, und zusammen beginnen die beiden den großen Akt der Schöpfung. Das finnische Epos *Kalevala*[9] beschreibt, wie die Welt aus einem Ei entstand, das von einer tauchenden Ente gelegt wurde. In der christlichen Kunst symbolisierte ein Straußenei die jungfräuliche Geburt – ein Sinnbild aus dem Mittelalter, als man glaubte, der Strauß würde aus eigenem Willen ausschlüpfen.

In der Hindumythologie wurde Brahma aus einem goldenen Ei geboren. Die Ei-Symbolik war ein kraftvolles Motiv, das auf die weiblichen Schöpfungsmächte verwies. Es erinnert uns an das neue Leben, das auf den langen Winter folgt, und an das Versprechen der großen Erdenmutter, dass im Frühling eine ewige Wiedergeburt erfolgt.

Diese Mythen ermächtigen die Figur der Göttin und erinnern an eine geschichtliche Zeit, in der die Natur eine heilige Kraftquelle war. Auch heute noch findet man Spuren der Ei-Mythologie, besonders im alljährlichen Osterfest, einst eine Feier zu Ehren der Wiederkehr Ostaras, der Fruchtbarkeitsgöttin, die den Frühling hervorbrachte.

3

*Die
Vogelschamanen*

Was es bedeutet, Mensch zu sein ... Ach, dass
wir nur lernen möchten ... von den Lilien und
den Vögeln ... Lasst uns an Lilien und Vögel
als Lehrer denken ... und ihnen nacheifern.

Sören Kierkegaard (aus »Die Lilien des Feldes«
und »Die Vögel der Lüfte«, 1849)

Die meisten Menschen denken, wenn sie etwas über die spirituellen Kräfte der Tiere hören, als Erstes an Schamanen. Die Vogelgöttinnen und die Mythologien des kosmischen Eies waren hervorragende Ausgangspunkte für die Erforschung der Vogelsymbolik. Aber dieses Kapitel eröffnet ganz neue Erfahrungen und enthält Geschichten, die mit einem viel primitiveren Drang des menschlichen Geistes zu tun haben: mit dem Bedürfnis, sich mit der Welt der Natur zu vereinigen. Für mich ist der Schamanismus die Essenz einer solchen Verschmelzung und ermächtigt das Individuum durch das Erfahren anderer Lebensformen.

Ebenso wie Vögel und Göttinnen bildeten auch Vögel und Schamanen seit Anbeginn der menschlichen Kultur eine Symbiose, und die Parallelen zwischen schamanistischen Praktiken und der frühen Anbetung der Göttin sind eindeutig und unübersehbar. Beide Praktiken stellen eine Verbindung her, die Zeit und Geschichte zu überbrücken scheint, und sie findet in der menschlichen Gesellschaft immer und überall einen bedeutsamen Ausdruck. Besonders die Vogelgöttinnen teilten die Gabe des Gestaltwandelns mit den Schamanen, indem sie Federumhänge oder Vogelmasken benutzten, und wir begegnen dieser Fähigkeit, sich in Vögel zu verwandeln, in vielen der großartigsten Geschichten auf der ganzen Welt.

Vielleicht wünschen sich viele unter Ihnen diese ursprüngliche Verbundenheit mit Vögeln, die einige Schamanen besitzen, und Sie fragen sich, wie die Schamanen es eigentlich genau anfangen, mit einem Vogelgeist zu »arbeiten«. Wie lautet die Antwort? Sehr vorsichtig.

Wenn eine Schamanin oder ein Schamane einen Vogelgeist heraufbeschwören will, zieht sie oder er meist ein Vogelkostüm an und wird dadurch zu einem Gefäß für den kollektiven Geist aller Vögel oder auch nur für den Geist ihres/seines spezifischen Totemvogels. Vogelschmuck (gefiederte Umhänge, künstliche Vogelflügel, Schnäbel und so weiter) ist bei diesem schamanistischen Ritual das bekannteste Werkzeug, denn Vogelbildnisse und Vogelsymbolik entsprechen der spirituellen Arbeit und den Seelenaktivitäten des Schamanismus überall.[10]

Das Nachahmen von Vögeln ist ein uraltes Ritual, das immense Energie und Konzentration verlangt. Ein tanzender Medizinmann, der wie ein Vogel mit den Armen schlägt, ist für die meisten geradezu der Inbegriff eines Schamanen. Schamanen tun dies tatsächlich, um sich mit dem ewigen Geist eines Vogelverbündeten oder Vogelführers zu verbinden – das haben sie schon immer getan und das werden sie auch immer tun.

Man darf nicht vergessen, dass die Menschen in uralter Zeit Tiere nicht als abgesonderte Wesen auffassten wie wir heute, sondern als Verwandte. Sie glaubten, dass die Tiere den Menschen sehr ähnelten und dass man sie nachahmen konnte, indem man gewisse Rituale vollzog oder aufführte – zum Beispiel, indem man tanzte und wie ein Vogel mit den Armen flatterte. Außerdem glaubte man, dass Tiere auch in menschlicher Gestalt erscheinen konnten. Das Konzept, die eigene Gestalt in die eines Vogels zu verwandeln, um an seinen Fähigkeiten teilzuhaben, war ein wichtiger Aspekt vieler früher Vogelmythologien und Religionen. Auch herrschte überall der

Glaube, dass Menschen fliegen und frei mit Vögeln interagieren konnten. Doch im Lauf der Jahrhunderte waren dazu nur noch diejenigen imstande, die gründlich ausgebildet oder eingeweiht worden waren: Hexen, Schamanen, Yogis und Zauberer. Dieses Konzept verweist auf den fundamentalen Glauben der alten Kulturen an die enge Bindung zwischen Mensch und Tier. Da ich diese Auffassungsweise aus den Perspektiven vieler Religionen und Kulturen studiert habe, kann ich kaum fassen, dass sich der moderne Menschen so weit von einer einst völlig offensichtlichen und wichtigen Sichtweise entfernt hat. Wenn wir uns nie aus dieser Urverbindung gelöst hätten, müssten die Tiere und Vögel dieser Welt heute bestimmt nicht unter den verheerenden Auswirkungen der entfremdeten menschlichen Realität leiden.

Die schamanistische Identifikation mit fliegenden Vögeln erlaubt es den Menschen in allen Erdteilen der Welt, der Erde zu entfliehen und sich wie Götter durch den Weltraum und die Zeit zu bewegen. Vögel, Schamanismus und der Flug der Seele hängen untrennbar zusammen, und so ist es seit der Altsteinzeit immer gewesen. Höhlenmalereien in Lascaux, Frankreich, zeigen zum Beispiel eine auf dem Rücken liegende Schamanenfigur, die eine Vogelmaske trägt und krallenähnliche Finger hat.

Vögel sind in der Regel auch Symbole für die ekstatische Reise des Schamanen, wenn er seinen Körper verlässt, um mit Geistern in anderen Welten Kontakt aufzunehmen. Nur der Vogel kann sich über das irdische Reich erheben und weit darüber hinaus fliegen, um mit zielgerichteter, müheloser Eleganz andere Existenzebenen zu erreichen. Vögel verkörpern spirituelles Wachstum, und ihr Wissen um das geheimnisvolle Wirken des Universums macht sie immer noch sehr begehrenswert. Flügel und Gefieder verweisen auf die Fähigkeit des Fliegens und verleihen diese auch, sodass der Schamane in die geistige Ebene reisen kann. In manchen kulturellen Traditionen betrachtet man den Vogel als wichtigsten Schutzgeist des Schamanen, der ihn durch die unbekannten Bereiche des Universums führt. Auch in der Kunst der Inuit sind Vögel die am häufigsten dargestellten Hilfsgeister und werden normalerweise auf dem Kopf des Schamanen gezeigt (dies entstammt dem Glauben, dass die Seele ihren Sitz im Scheitel hat).

Der Vogel ist ein Psychopomp, ein Führer der Seelen in das Geisterreich; und die Mythologie der Vogel-Seele ist weit verbreitet und uralt. Die alten Ägypter benutzten die Hieroglyphe eines Vogels mit Menschenkopf als Symbol des *Ba*, der Seele, und in ihrer Kultur symbolisierten Vögel die Seele, wenn sie im Augenblick des Todes den Körper verlässt. Diese Verknüpfung des Vogels mit der Seele gab es auch in der römischen Kultur: zum Beispiel ließ man während der Bestattung eines Cäsaren einen Adler frei, der die Seele des Kaisers auf den Olymp, die ewige Heimat der Götter, führen sollte. Auch die Irokesen lassen nach dem Tod eines Häuptlings einen Vogel frei. In der keltischen Mythologie nimmt diese Tradition einen besonderen Platz ein, denn die Kriegs- und Schlachtengöttinnen verwandelten sich im Augenblick des Todes eines Kriegers in Krähen oder Raben, um seine Seele in die Anderswelt zu geleiten.

In vielen Kulturen glaubte man, dass der Schamane, indem er sich in Trance versetzte und den Vogelflug simulierte, Seelen zu ihrem Ruheplatz führen konnte. Die Nascan-Indianer in Peru aßen halluzinogene Kakteen, um die Illusion des Fluges zu erzeugen. Aufgrund seiner erlernten Kunst der Nachahmung oder Gestaltwandlung verwandelt sich der Schamane in die Figur des Vogels. Das wichtigste Hilfsmittel des Schamanen während dieser Rituale ist sein Kostüm.

In Sibirien hat der Schamanismus eine lange Geschichte. Dort glaubt man, dass jeder Schamane einen Raubvogel als Mutter hat und dass die Medizinmänner direkt von den Vögeln, die sie verkörpern, abstammen. Ein Teil ihrer persönlichen schamanistischen Kraft besteht darin, die Sprache der Vögel zu erlernen. Die Samoyeden und Altaianer tragen mit Vogelfedern verzierte Kappen, während die Stämme der Tunga und Yenesi ihre Mäntel immer noch so anfertigen, dass sie den Flügeln und dem Schwanz einer Eule ähneln. In der Kultur der Sakha heißt es von Schamanen beiderlei Geschlechts, dass sie Kinder zur Welt bringen können. Ein Teil der Ausbildung eines Schamanen, die in der Pubertät begann, war das Gebären eines Raben oder Seetauchers, der augenblicklich davonflog.

Die Tarahumara-Indianer im Nordwesten Mexikos tanzen zur Musik ihres Schamanenliedes, um die Gunst ihrer Gottheiten zu erwerben. Sie sagen, dass die Vögel sie gelehrt haben, zur Anbetung eines metaphysischen Wesens, das hinter dem Schleier der Natur lebt, zu springen und zu fliegen, zu spielen und mit den Füßen zu stampfen. In Zentralasien trugen die *Divana* (von Geistern besessene Mystiker) Hüte aus Schwanenfedern, während die chinesischen Bergbewohner oft selbst als gefiederte Vögel abgebildet werden. Die Maori-Schamanen von Neuseeland tragen ebenfalls Federkleidung – nicht nur bei zeremoniellen Handlungen, sondern auch als Ausdruck ihrer Autorität, mit der sie die Identität ihrer Gruppe stärken.

Von den Kaisern des alten Inkareiches in Peru heißt es, dass sie in prachtvollen Palästen wohnten und Gewänder aus Kolibrifedern trugen. In der heutigen südamerikanischen Kultur gelten Vögel – insbesondere Eulen, Kolibris, Harpyienadler und Geier – immer noch als schamanistische Figuren. In manchen südamerikanischen Erzählungen lebt der ursprüngliche Sonnengott in einer Behausung aus gelben und roten

Macaofedern und hat die Macht, die Welt mit den Federn seiner prachtvollen Krone zu erhellen. In Pachacamac und anderen Küstenorten Perus hat man die Überreste von Papageien entdeckt, die manchmal in kleine mumienähnliche Bündel gewickelt waren, was ihre große spirituelle Bedeutung für die alten peruanischen Völker beweist. Im heutigen Brasilien halten die Angehörigen des Bororo-Stammes in ihren Dörfern lebendige Vögel. Wenn der Macao eines Bororo-Indianers stirbt, wird er in eine Fasermatte gewickelt und hinter seinem Haus begraben. Diese Vögel sind dem Stamm heilig und gelten als bevorzugter Aufenthaltsort der Seelen ihrer Vorfahren. Die Bororo glauben, dass sie selbst ebenfalls Macaos sind und von einem ihrer Kulturheroen in Vögel verwandelt wurden.

In schamanistischen Praktiken werden manche Vögel als Vertreter mehrerer Welten gleichzeitig ganz besonders verehrt. Zum Beispiel repräsentieren Seetaucher und Enten Luft, Wasser und Erde (unter Wasser) und gelten in vielen Gemeinschaften als hervorragende Führer, etwa bei den Komi- und Khantejvölkern Russlands. Man verlieh diesen Vögeln als Meister mehrerer Welten einen hohen Rang, denn diese Fähigkeit wird sonst in primitiven Kulturen nur dem Schamanen zugeschrieben.

Auf ihren Trancereisen nehmen Schamanen oft die Gestalt eines Tauchvogels an, sodass sie in die Unterwelt hinabtauchen können. Dieses Tauchen ist aus schamanistischer Sicht äußerst wichtig, denn viele alte Kulturen glauben, dass kranke Seelen im Wasser festgehalten werden. Die symbolische Bedeutung tauchender Vögel unterscheidet sich meist sehr von der anderer Wasservögel, denn der Tauchvogel scheint unter der Wasseroberfläche zu verschwinden, um ins Totenreich zu gelangen. Diese Vögel gelten auch als Führer durch die Prozesse des Todes und der Wiedergeburt.

Viele Kenntnisse über den Schamanismus und die Totemtiere stammen von den Ureinwohnern Nordamerikas, enthalten aber dennoch die gleichen Grundprinzipien und Praktiken, die man überall auf der Welt findet.

Beim Volk der Yokut in Kalifornien symbolisierten gewisse Totemtiere die gesellschaftlichen Rollen innerhalb des Stammes. Zum Beispiel war der Adler das Totem des Häuptlings, die Taube der Bote sowohl des Häuptlings als auch des Schamanen und die Eule das Totem des Schamanen selbst. Der Anführer des rituellen Tanzes hatte den Raben als Totem, und der Vermittler zwischen dem Häuptling und seinem Volk war mit der Elster verbunden.

Die Oberschicht der alten Mississippi-Kultur (einer Grabhügel bauenden Kultur, die etwa zwischen 800 und 1500 n. Chr. ihren Anfang nahm), gehörte automatisch den vom Falken repräsentierten Herrscher- und/oder Kriegerkulten an, deren Mitglieder sorgfältig geprägte Kupferfedern als Teil ihrer aufwendigen Kostüme trugen. Bei den Yup'ik-Eskimos war der *Tengmiarpak* (der große Vogel) wichtiger Bestandteil ihrer mündlichen Überlieferungen. Diese Vögel waren der menschlichen Sprache kundig und wurden als Menschen verstanden, die sich in Riesenadler verwandelt hatten, nachdem sie ihre Vogelhäute angezogen hatten. Die Jäger der Yup'ik trugen Kleidung aus Vogelhäuten und auf der Jagd auch Parkas aus Vogelhaut, da diese sehr leicht und warm waren.

In der Medizintradition der Tscherokesen diagnostizieren die Ärzte gewisse Krankheiten als von Vögeln ausgelöste Zustände: entweder von rachsüchtigen Vogelgeistern oder durch Vogelfedern im Haus oder vom Schatten eines Vogels, der von oben auf den Patienten gefallen ist.

Obwohl viele alte Völker Vögel als Nahrung und wegen ihrer Federn töteten, geschah dies normalerweise sehr respektvoll und voll tiefer Bewunderung. Viele alte Kulturen aßen sogar Vogelteile im Glauben, dass sie dadurch das »Mana« des Vogels absorbieren konnten (der polynesische Begriff Mana bezieht sich auf die spirituelle Kraft, die in gewissen Gegenständen gespeichert ist – in diesem Fall in den Körperteilen der Vögel), denn dadurch fiel es ihnen leichter, den Vogel nachzuahmen.

Vögel werden in vielen Kulturen nicht nur als Symbole der Freiheit, des offenen Sinns und des Seelenfluges verehrt, sondern auch wegen ihrer scharfen Augen. Letzteres ist ein wichtiges Symbol für die spirituelle Arbeit des Schamanen, der eine klarere intuitive Einsicht braucht, um alle Ebenen der menschlichen Seele zur Heilung zu durchdringen. In diesem Zusammenhang verkörpert der Vogel alternative Bewusstseinsebenen, weil er die Welt aus unterschiedlichen Perspektiven zu sehen vermag.

Alte Legenden aus England und Irland erzählen, dass nicht nur Medizinmänner, sondern auch Feen die Fähigkeit besaßen, sich in Raubvögel wie Geier, Krähen und Raben zu verwandeln. Auch das Tragen von Gefieder bei schamanistischen Handlungen war eine wichtige keltische Tradition. Die irische Überlieferung beschreibt häufig den *Tugan,* den gefiederten Umhang des Poeten. Man nimmt an, dass dieser wichtige Bestandteil seines Kostüms aus den Federn diverser Singvögel angefertigt wurde – eine zutreffende Assoziation, da der Poet den Ruf hatte, als Sänger die Macht der Vögel zu besitzen und mit seinem Lied seine Zuhörer in einen traumähnlichen Zustand versetzen zu können.

Die Sprache der Vögel

Viele Menschen nehmen nicht einmal wahr, dass sie jeden Tag Vögel miteinander kommunizieren hören. Bestimmt unterbrechen sie häufig sogar wichtige Vogelversammlungen und sind sich gar nicht bewusst, welch fantastische Ereignisse sich da über ihren Köpfen in Bäumen, auf Dächern oder an einem heißen Nachmittag rund um eine Pfütze abspielen. Vögel bei ihren Zusammenkünften zu beobachten ist für mich immer eine Gelegenheit, neue Einblicke in ihre Intelligenz und ihre einzigartigen Sozialstrukturen zu bekommen.

Ich erinnere mich noch gut an meine erste Begegnung mit einem großen Rabenschwarm. Ihre Fähigkeit, über das Leben zu lachen und das Chaos um sich herum einfach nur zu beobachten, war der meinen haushoch überlegen. Sie hatten sich in einer einsamen Gasse, durch die ich jeden Tag ging, um ein Schlagloch versammelt. Ich ging meines Weges und nahm sie zunächst überhaupt nicht wahr, bis ich ein seltsames Geräusch hörte: ein fremdartiges, außerweltliches Gebrabbel. Als ich um die Ecke auf sie zukam, waren die Vögel wild entschlossen, mich durch ihren starrenden Blick aufzuhalten. Sie waren ganz empört! Ich kam mir vor, als hätte ich wie ein zudringlicher Außenseiter irgendeinen uralten magischen Ritus unterbrochen und ruiniert. Ich bat sie um Verzeihung und machte mich rasch davon.

Ich bin sicher, dass sie gerade die Tagesgeschehnisse diskutierten und wahrscheinlich Witze über unsere lächerlichen und störenden Lebensgewohnheiten machten – etwa unsere Gewohnheit, jede Woche eine Unmenge guter Nahrung in den Abfall zu werfen, unsere Autoauffahrten zu wässern oder mit Handys am Ohr herumzulaufen. Diese Raben *redeten* tatsächlich miteinander, in einer Sprache, für die das menschliche Ohr nicht geeignet ist – und das vielleicht aus gutem Grund. Ich jedenfalls glaube nicht, dass sie allzu viel Gutes über unsere Spezies zu sagen hätten. Was meinen Sie?

Inzwischen ist erwiesen, dass jede Vogelart eine eigene Sprache hat, und das wusste ich. Aber ich hatte einfach noch nie zuvor eine so fantastische und magische Demonstration ihrer stimmlichen Ausdrucksformen gehört. Die Sprache der Vögel hört sich in der Tat außerweltlich an. Einfach ausgedrückt: Sie ist etwas, was zu verstehen uns nicht erlaubt ist. Dennoch hat es einige wenige Eingeweihte gegeben, die diese geheime Sprache gelernt haben. In spirituellen und magischen Zusammenhängen wird die *Sprache der Vögel* seit Jahrhunderten als perfekte mystische, göttliche oder magische Sprache beschrieben, durch die Vögel mit Eingeweihten kommunizieren. Das Wort »Eingeweihte« bezieht sich meist auf Schamanen oder mächtige Zauberer. Manchmal sind es aber auch Alchimisten oder Dichter (oder die Barden der älteren Traditionen).

In der nordischen Mythologie war die Macht, die Sprache der Vögel zu verstehen, ein Zeichen großer Weisheit. Lutwack erklärt: »Die Seher oder Schamanen ahnten als Erste, dass das Singen der Vögel eine Bedeutung hat, denn unter den primitiven Völkern hing ihr Einfluss von ihrer angeblichen Fähigkeit ab, die Sprache der Tiere zu verstehen.«[11] Die Sprache der Vögel zu verstehen ist also ein Geschenk, das unter Menschen nur sehr wenigen zuteilwird, während der Rest der Menschheit nur Kauderwelsch hört.

Der Gesang der Vögel wird besonders von Dichtern hochgeschätzt, wahrscheinlich weil Vögel die einzigen Wesen sind, deren Klangmuster denen des Menschen genügend ähneln, um uns davon zu überzeugen, dass ihr Singen in irgendeiner Weise der menschlichen Sprache ähnelt. Der Gesang der

Poeten galt oft als außerweltlich und mit dem der Vögel vergleichbar. In mancher Beziehung benutzen Poet und Vogel dieselbe Sprache, denn beide sind göttlich inspiriert. Auf einer tieferen Ebene teilt der Gesang der Vögel mit Musik und Dichtkunst ästhetische Qualitäten, die starke Emotionen und spirituelle Erweckung hervorrufen können. Zu Beginn der Romantik, in der die Intuition höher geschätzt wurde als der Intellekt, versuchten die Dichter, sich der ekstatischen Identifikation des Schamanen mit Vögeln anzunähern, um eine alte Methode der Wahrheitsfindung wiederzuerwecken. Wie einst bei den primitiven Völkern wurde das Singen der Vögel zu einer geheimnisvollen Quelle tiefer Bedeutung und Emotionen.

In ihrem fantastischen Buch *Crows* erklärt Candace Savage, dass die Vokalisierungen der Krähen »irdisch« sind; voller Laute, die für uns wie Konsonanten und Vokale klingen, als sei ihr »Krächzen« eine Aussage in irgendeiner unverständlichen Sprache.[12]

Wenn wir uns bemühen zu hören, was in aller Welt die Vögel *wirklich* sagen, ist es gerade die geheimnisvolle Natur der Vogelsprache, die uns ganz besonders fasziniert. Dieses Rätsel bringt viele Menschen dazu, sich mit den Besonderheiten der Vögel intensiv zu befassen, und trägt dadurch heute vielleicht sogar auf bescheidene Weise zu deren Rettung bei. Die wissenschaftliche Welt bemüht sich zu hören, was die Vögel zu sagen haben, und auch in der Welt im Allgemeinen wächst der Glaube, dass es eines Tages möglich sein wird, die Vögel zu verstehen. All diese kulturellen Parallelen geben uns einen kleinen Einblick in die archetypische Symbolik und Bedeutung, die die geflügelten Wesen viele Generationen lang in schamanistischen Praktiken besaßen und die den Vogel in der Menschheitskultur zu einem der ältesten Symbole des Geistes, der Magie und des Göttlichen machten. Unabhängig davon, wie sich die Welt um uns herum verändert – wir sind spirituelle Wesen, gefesselt an eine Existenz ohne die Gabe des Fliegens, und deshalb werden Vögel uns auch weiterhin faszinieren und beglücken.

Der Vogeltanz

Während meiner Erforschung der Kulturgeschichte des Flamingos stieß ich auf ein Video, das eine Gruppe Flamingos beim gemeinsamen Tanz zeigte. Es erübrigt sich zu sagen, dass es absolut unvergesslich war. Die große rosafarbene Gruppe, die da in Formation über die Wasseroberfläche glitt, war an sich schon beeindruckend genug; aber was mich noch mehr berührte, war die mühelose Fähigkeit dieser Vögel, den Augenblick zu genießen, ohne sich darum zu kümmern, wer sie dabei beobachtete.

Abgesehen von der offensichtlichen visuellen Kraft des Vogeltanzes hat er auch eine tiefe spirituelle Bedeutung, denn er ermöglicht es uns, die menschlichen Energien mit denen anderer Lebensformen zu vereinigen. Die Bewegungen der Vögel haben in der menschlichen Seele die anhaltende Sehnsucht hervorgebracht, ihre fabelhaften Drehungen und Wendungen zu imitieren; und überall auf der Welt begegnet man Vogeltänzen als Ausdruck einer tiefen Bewunderung für die Schönheit des Lebens, die sich in Vögeln manifestiert. »Ein Tier zu tanzen« ist eine der ältesten Methoden, sich mit den Kräften der Natur zu verbinden, und bildet das Herzstück aller schamanistischen Praktiken. Die kulturellen Traditionen des Vogeltanzes entstammen direkt den in freier Wildbahn beobachteten Vogeltänzen, und viele moderne Tanztechniken haben sich von diesem erstaunlichen Naturphänomen anregen lassen. Der Tänzer versucht, die Essenz oder den Geist des Vogels in sich aufzunehmen, indem er das Hüpfen, Flügelschlagen und Herumwirbeln der Vögel in der Natur imitiert, wo sie für oder mit ihren potenziellen Paarungspartnern tanzen. Jeder, der sich mit der Tierwelt befasst, weiß, dass *viele* Lebewesen tanzen, aber offenbar sind Vögel auf der Erde beim Drehen und Wenden die absoluten Stars. Das ganze Universum wird von Rhythmus beherrscht und reagiert instinktiv auf alles in der Natur. Für Vögel ist der Tanz eine Methode, sich mit ihren Artgenossen zu verbinden. Tanz leitet auch die Balz ein und gibt den Vögeln die Gelegenheit, einander ihre Fähigkeiten, ihre Körperkraft, Tapferkeit und Zuneigung zu zeigen. Sie haben die Rhythmen des Tanzes gemeistert und faszinieren ihre Zuschauer mit ihren großartigen Darbietungen. Manche Vögel lassen sich extra für die Partnerwerbung eine kunstvollere Federpracht wachsen – so wie ein Mensch seine schönsten Kleider und Juwelen zur Schau stellt.

Der Kranichtanz ist möglicherweise der älteste und beständigste Vogeltanz, der in menschlichen Kulturen nachgeahmt wird, denn archäologische Funde verweisen schon im uralten Dorf Çatal Hüyük (7500–5700 v. Chr.) auf frühe Kranichtänzer. Für die Kraniche ist der Tanz eine allumfassende Erfahrung, und man hat beobachtet, dass sie manchmal sofort mitmachen, wenn ein Artgenosse einen Tanz beginnt: Offenbar erfüllt sie der ganze Vorgang mit einer süchtig machenden Freude. Sie werfen mit ihren Schnäbeln Gegenstände in die Luft, während sie springen, mit den Flügeln schlagen, herumwirbeln, sich umeinander drehen und ihre großen, herrlichen Schwingen ausbreiten. Kranichtänzer haben in so unterschiedlichen Kulturen wie dem alten China, Sibirien, Afrika und Japan die gleichen Bewegungen ausgeführt.

Der griechischen Sage nach führte Theseus in Delos nach der Tötung des Minotaurus einen Kranichtanz auf und imitierte zusammen mit den jungen Athenern die Drehungen und Wendungen dieses großartigen Vogels. Im antiken Griechenland symbolisierten die Kreisbewegungen des Kranichtanzes den Wechsel der Jahreszeiten und das ewige Fortschreiten der Zeit. Die Ankunft der Kraniche im Frühling stellte das Wiederaufleben des Sonnengottes dar, und die Menschen tanzten den *Geranos* oder Kranichtanz, um den Kreislauf des Lebens, der sowohl Fruchtbarkeit als auch den Tod umfasst, anzuerkennen.

Der *Eichelhäher* oder Blauhäher wurde bei einigen Salish-Stämmen im kanadischen Inland und in Teilen der USA zum kulturellen Helden, und einst ehrten sie diesen Vogel mit einem alljährlichen Eichelhähertanz. Die Schamanen hüpften und sprangen so lange, bis die Macht des Hähers sie überwältigte, und dann flüchteten sie zwitschernd und mussten wieder eingefangen und in die Medizinhütte zurückgebracht werden. Sobald sie wieder bei Sinnen waren, konnten sie bei den Stammesmitgliedern Heilungen bewirken und Wünsche erfüllen.

Das T'boli-Volk von South Cotabato auf der Insel Mindanao führt während des Pflanzens und der Ernte einen Vogeltanz auf, der den Flug und die Sprünge des *Tabaw*-Vogels imitiert. Ein anderer Tanz in diesem Gebiet ist der *Kadal Blelah*, bei dem die Tänzerinnen den *Blelah* darstellen, einen mythologischen Vogel, der die Gefiederfarben aller bekannten Vögel in sich vereint.

Die Mandschu-Schamanen Chinas beschwören regelmäßig Falken- und Adlergottheiten und bringen ihnen Opfergaben dar. Wir besitzen Aufzeichnungen darüber, dass die Mandschu außerdem Vogelgottheiten beschworen: Wasservögel, »Windvögel«, »Feldvögel« und gold- und silberzüngige Vögel. Der folgende Abschnitt entstammt der Beschreibung eines von einem chinesischen Mandschu-Schamanen aufgeführten Falkentanzes und ist ein wundervolles Beispiel für die Intensität dieser Beschwörung:

Der Schamane zieht sein magisches Kostüm an ... es ist mit drei Vögeln geschmückt, von denen Dutzende roter oder grüner Bänder herabhängen ... Der Schamane beginnt seinen Beschwörungstanz. Er trägt zwei Trommeln ... und beginnt mit der Beschwörung. Er schlägt die Trommeln, während er tanzt, und bald darauf erreicht er einen veränderten Bewusstseinszustand. Zu diesem Zeitpunkt manifestiert sich der Falkengott ... Der Schamane breitet seine Arme aus und schlägt sie wie Flügel. Manchmal dreht sich der Schamane mit ausgebreiteten Armen, während der Falkengott in der Luft kreist. Nun hat sich der Schamane vollkommen mit der heraufbeschworenen Gottheit identifiziert, und der Falkengott ist vollkommen anwesend. Der Schamane als Falkengott klettert auf zwei hohe Tische, wobei er immer noch mit den Armen schlägt und sich zum Flug bereit macht.[13]

Der Mandschu-Schamane veranschaulicht die Macht des Tanzes, zu einer Verkörperung des Vogelgeistes zu werden, sodass er die Kräfte des Vogels in sich aufnehmen kann.

In der armenischen Tradition finden sich Beschreibungen von Tänzen, die mit Vogelanbetung verknüpft sind. Der Kult der *Vogelahnen* und die Vorstellung, dass die Armenier von ihnen beschützt wurden und mit ihnen blutsverwandt waren, ist ein bedeutender Bestandteil ihres Glaubenssystems. Im Mittelalter gab es zwei Worte für Tanz: *Par* und *Kavav*, wobei das Letztere »Rebhuhn« bedeutet. Ein wichtiger Teil dieser Vogeltänze war das Springen, eine Abart der totemistischen Tänze, in denen die Tänzer sich als Rebhühner verkleideten. Auf den

Deckblättern einiger mittelalterlicher Manuskripte sind mehrere Tänzer mit Vogelmasken abgebildet, die die Zweige eines heiligen Baums in den Händen halten. Heutige Tanztraditionen kennen noch viele Schritte, die den wiegenden Vogelgang nachahmen. Der pantomimische Tanz des armenischen *Araghil* (Storch), normalerweise von einem Mann aufgeführt, wird folgendermaßen beschrieben:

Zu dem Tanz gehörte eine Art Verkleidung. Der Tänzer ging in die Hocke, ergriff einen Schäferstab und wurde in einen umgekehrten Schaffellmantel gehüllt. Der Tänzer steckte die Hand und den Arm mit dem Schäferstab durch einen der Ärmel. Der aus dem Ärmel herausragende Teil des Stabes war in Lumpen gehüllt, sodass er einem Storchkopf glich. Der Tänzer hüpfte im Takt der Musik und schwang den Stab. So imitierte er den Gang und die Kopfbewegungen des Storches.[14]

Ein anderer totemistischer Vogeltanz namens *Kryngaven* imitiert einige Verhaltensweisen des Kranichs, darunter die Beziehung zwischen der Vogelmutter und ihren Küken.

Der Adlertanz der Puebloindianer gilt als Teil einer uralten Zeremonie, die mit Regen und dem Wachstum des Getreides verbunden ist. Die meisten Adlertänzer der Puebloindianer imitieren tatsächlich Adler: Sie tragen vollständige Flügel aus echten Adlerfedern, bemalen ihren Körper entsprechend, tragen am ganzen Körper Adlergefieder und befestigen einen Adlerschnabel auf dem Kopf. Bei den Lakota wird der Adler seit Langem durch einen Adlertanz geehrt. Er wird von Männern mit Adlerfedern im Haar aufgeführt, die Fächer aus den Schwanzfedern eines Adlers tragen.

Beim Fasanentanz der Tscherokesen stampfen die Tänzer mit den Füßen auf den Boden, um den trommelnden Klang zu imitieren, den dieser Vogel verursacht. Den Geschichten der Tscherokesen zufolge gab es einst im Winter eine Hungersnot unter den Tieren und Vögeln. Als sie schon beinahe am Verhungern waren, entdeckte ein Fasan eine Stechpalme voller roter Beeren (eine Lieblingsnahrung der Fasane). Der Fasan rief seine Artgenossen, und sie bildeten einen Kreis um den Baum, sangen, tanzten und trommelten mit den Füßen, um ihrer Freude Ausdruck zu verleihen. So entstand der Fasanentanz.

Viele Indianerstämme ehren außerdem den Tanz des Präriehuhns und des Schweifhuhns mit dem Präriehuhntanz.

Schlussgedanken über den Vogelschamanismus

Sie können überall Bücher finden, in denen erklärt wird, wie man Schamane wird. Sie können auch Tausende von Dollars für Schamanenseminare ausgeben, in denen Ihnen erklärt wird, wie man Schamane wird. Aber in Wirklichkeit wird man weder durch Bücher noch durch Seminare zum Schamanen – Punkt, Schluss. Sie können jedoch lernen zu verstehen, wie Schamanen mit Tiergeistern kommunizieren und welchen tiefen Einfluss alle Tierarten in Ihrem eigenen Leben haben können, indem Sie selbst die uralten Methoden anwenden. Durch das Nachahmen dieser alten Praktiken wird sich Ihre Auffassung vom Kosmos um Sie herum verändern, und dies wird im Ganzen positive Veränderungen bewirken. Ich bin keine Schamanin und behaupte auch nicht, eine zu sein. Aber ich habe viele Jahre damit verbracht, schamanistische Praktiken, Tiertotems und die Kräfte der Tiergeister auf der ganzen Welt zu erkunden. Das macht aus mir keine Schamanin, sondern nur eine inspirierte Außenseiterin, die einer Lebensart nachgeht, die sich in einer technologischen Gesellschaft nicht halten kann.

Falls Sie sich mit den Wegen des Schamanen und den Methoden, mit denen sie sich die spirituellen Kräfte der Vögel zunutze machen, vertrauter machen möchten, müssen Sie Ihre Hausaufgaben machen. Es gibt keine Abkürzungen, wenn man zu einer verblüffenden spirituellen Wahrnehmung des Universums gelangen will – auch wenn uns die Medien das Gegenteil vorgaukeln.

Die tiefgreifendste Möglichkeit, eine Beziehung mit Vogelgeistern und dem Geist der Natur an sich zu beginnen, ist die *Beobachtung*. Betrachten Sie wirklich ganz genau, wie die Natur funktioniert. Beobachten Sie, wie ein Vogel sein Nest baut, wobei er unzählige Grundmaterialien sammelt; achten Sie darauf, wie ein guter Regenschauer ein großes Festmahl für die Rotkehlchen an die Erdoberfläche bringt; und bewundern Sie, wie die großen Raubvögel mühelos im Wind dahingleiten oder wie Vögel durch Gesang, Tanz und Geräusche miteinander kommunizieren. So vieles wird vom menschlichen Auge und Ohr nicht beachtet, und deshalb nehmen viele Menschen Vögel und Tiere einfach als gegeben hin.

Sobald sich Ihre Wahrnehmung der Natur durch langes Beobachten, Meditieren und Studieren verändert hat, werden Sie allmählich merken, auf welche Weise verschiedene Vogelarten Ihre Aufmerksamkeit erregen. Sie werden einen Falken oder sogar Dutzende von ihnen sehen, wenn Ihnen eine große Lebensveränderung bevorsteht. In Phasen Ihres Lebens, in denen Ihnen Zufriedenheit und Freude abhandengekommen sind, wird Ihnen das Schillern eines Kolibris auffallen. Das Erscheinen von Vögeln als Lehrer in Ihrem Leben hängt immer von Ihrer Bereitschaft ab, ihre Botschaft zu hören.

4

*Vögel in
Magie und Religion*

Kein Vogel wurde von den Römern
Ohne eine Prophezeiung gehört.
Oft hingen die Geschicke ganzer Reiche
Von des Magiers Elsterzunge ab,
Und jede Krähe war dem Staat
Ein unfehlbarer Deuter des Schicksals.
Winston Churchill

Viele der mit Vögeln verknüpften abergläubischen Vorstellungen und Bräuche, die wir heute kennen, sind ein Erbe aus vergangenen Jahrhunderten; und viele Kulturen halten im Hinblick auf Tiere und ihre spirituellen Eigenschaften heute noch an ihrem überlieferten Glauben fest. Diese faszinierenden Geschichten und die kulturellen Unterschiede in der Mythologie der Vogelgöttinnen machen die Erforschung der Vögel im Zusammenhang mit den magischen Künsten für mich zu einem Hochgenuss. Ich wollte wissen, warum Vögel immer und immer wieder als Helfer zur Erlangung magischer Kräfte ausgewählt wurden und wie sie unsere modernen Geschichten und Glaubensformen beeinflusst haben.

In alten Kulturen sind die Begriffe »Magie« und »Religion« oft austauschbar. Man darf nicht vergessen, dass die meisten herausragenden alten Kulturen heidnisch waren, weshalb »Magie« sich auf den erdverbundenen Glauben und die entsprechenden Praktiken dieser Kulturen bezieht. Nehmen wir das alte Rom als Beispiel, auf das sich das obige Zitat von Winston Churchill bezieht. Das ganze politische und religiöse Fundament Roms basierte auf seinem heidnischen Glauben und war ein Erbe anderer Zivilisationen, etwa der griechischen. Viele dieser Überzeugungen orientierten sich an Orakeln oder Prophezeiungen, in denen Vögel die wichtigste Rolle spielten. Viele Menschen berichten, dass Vögel das Wetter voraussagen und sogar beeinflussen können, indem sie Regen und Donner bringen. Für die alten Völker war es vollkommen logisch, dass Vögel die Lüfte beherrschten. Sie bewegten sich mit Leichtigkeit durch die höheren Welten und verschwanden sogar scheinbar in der oberen Welt, um sich mit Göttern, Göttinnen und anderen himmlischen Wesen auszutauschen.

Aus der Sicht der vortechnischen Gedankenwelt war schon der bloße Akt des Fliegens im Vergleich zum menschlichen Alltag reine Magie. Geflügelte Wesen waren sowohl Kraftquellen als auch Verbündete bei magischen Handlungen: Sie konnten die Kräfte der Himmelsgötter auf die Erde herabholen. Oft standen sie sogar in direkter Verbindung mit den Göttern selbst und wussten deshalb um alle ihre Wünsche und Geheimnisse.

Vögel dienten magischen Zwecken auf vielerlei Weise. Das in diesem Buch enthaltene Kapitel über Schamanismus vermittelt Ihnen eine Vorstellung davon, wie wichtig Vogelrequisiten (Schnäbel, Flügel und Federn) sind und wie sie dem Träger die speziellen Kräfte des Vogels verleihen, wobei jeder Körperteil für eine bestimmte spirituelle Eigenschaft steht.

In vielen Kulturen wurden Teile von Vogelkörpern in magischen und Heilritualen verzehrt und waren Symbole für Gottheiten in physischer Form. Wer den Geist der prophetischen Tiere in sich aufnehmen wollte, aß deren wichtigste Körperteile: Die Augen, das Herz und das Fleisch der Vögel waren besonders begehrt. Man glaubte, dass das Herz des Adlers dem Esser Mut verleiht, das Fleisch von Krähen und Eulen Weisheit und das Fleisch des Falken Scharfblick. Auch Vogelknochen galten als magische Hilfsmittel, und man hat viele Vogelknochen gefunden, aus denen Flöten mit hohem Ton geschnitzt worden waren. In manchen dieser Knochen war das Sparrenzeichen eingekerbt – ein Ideogramm, das schon in der Jungsteinzeit mit der Göttin assoziiert wurde. Man nimmt an, dass diese Flöten aus Vogelknochen, verstärkt durch andere Blasinstrumente und begleitet von Trommeln, bei heiligen Zeremonien eingesetzt wurden, um die Rückkehr der Wasservögel im Frühling zu feiern.

Die Tscherokesen machten von den Kräften der Vögel aus vielen praktischen und spirituellen Gründen Gebrauch, denn Vögel spielten eine große Rolle in ihren magischen Formeln, Liedern und Beschwörungen, die den Verlauf der Liebe, der Jagd, von Krankheiten und anderen menschlichen Belangen beeinflussen sollten. Die Tscherokesen beschworen den Fischadler, den Eisvogel und den Weißkopfadler, um den Erfolg beim Fischfang sicherzustellen. Der Indigofink und der Rotkehlhüttensänger beherrschten den Wind, der Kolibri kürzte die Heimreise ab, und der *Dhla:nuwa*, der mythische Raubvögel der Tscherokesen, sorgte zusammen mit der Purpurschwalbe und dem nordamerikanischen Fliegenschnäpper für den Sieg beim Ballspiel. In der Tscherokesenkultur spielte die Purpurschwalbe im mythischen Ballspiel zwischen den Vögeln und den anderen Tieren eine wichtige Rolle.

Vögel in der ägyptischen Magie

Es macht immer Freude, das alte Ägypten zu studieren, und jeder, der einen guten Überblick über die Rolle der Vögel in der Magie sucht, sollte dieses Thema über dieses Buch hinaus weiterverfolgen. Die altägyptische Religion gehört zu den geheimnisvollsten aller religiösen Traditionen und steckt voller Vogelgottheiten und Magie. Die meisten Menschen erkennen den falkenköpfigen Gott, der die uralte Verehrung dieser Raubvogelart beweist, auf Anhieb.

Ebenso wie im antiken Griechenland und Rom waren Religion und Magie im alten Ägypten die Grundlage der gesamten Sozialstruktur. Grüfte, Paläste und Tempel trugen Abbildungen des Falken und des Habichts; und wie der Seeadler auf den Orkneyinseln waren Falke und Habicht symbolisch mit Tod und Erneuerung verknüpft.

Viele altägyptische Rituale werden im berühmten »Ägyptischen Totenbuch« beschrieben – der gängige Titel jener Beerdigungstexte, die auch »Beschwörungen zum Heraustreten in das Tageslicht« heißen. Diese uralten Texte enthalten Hymnen, Zaubersprüche und Beschwörungsformeln, die die Dahingeschiedenen im Totenreich unterstützen sollten.

Als untrennbarer Aspekt der ägyptischen Religion tauchen in diesen Texten überall in den Zaubersprüchen der Umwandlung Vögel auf. Diese Zaubersprüche zielten darauf ab, dass der Verschiedene die Vogelgestalt annehmen konnte, sobald der physische Körper gestorben war. Dies war in der ganzen Welt des Altertums ein durchgehendes Muster.

Die folgenden Zaubersprüche stammen aus dem *Totenbuch* und sind die Worte des großen Gottes Osiris. Diese Beschwörung aus dem »Kapitel über ein Herz-Amulett aus dem Seheret-Stein« beschreibt den großen Benu-Vogel der ägyptischen Mythologie: »Ich bin der Benu-Vogel, die Seele des Ra, der die Götter zum Duat führt, wenn sie aufbrechen. Die Seelen auf Erden werden nach ihren eigenen Wünschen handeln, und die Seele des Ani wird auf seinen eigenen Wunsch aufbrechen.« Der Benu-Vogel war ein Prototyp des griechischen Phönix und galt als physische Form des Sonnengottes Re. In der ägyptischen Kunst hatte er die Gestalt eines Reihers, und es hieß, dass er sich jeden Tag bei Sonnenaufgang erneuerte. Man nimmt an, dass das Wort *Benu* von einem ägyptischen Verb abstammt, das so viel wie »aufstehen« oder »scheinen«

(im Sinn von »leuchten«) bedeutet, was auf die Natur des Benu-Vogels als Sonnenwesen verweist.[15]

Der folgende Zauberspruch stammt aus dem 77. Kapitel des *Papyrus des Ani* und trägt den Titel *Wie man die Gestalt eines goldenen Falken annimmt*: »Ich steige vom Balkon auf als goldener Falke, der aus seinem Ei schlüpft. Ich bin geflogen, ich bin gelandet als goldener Falke mit einer Länge von sieben Ellen auf seinem Rücken, dessen Flügel wie südliche Smaragde (sind). Ich bin aus dem Abendboot herausgekommen und ich habe mein Herz vom Berg des Ostens mitgebracht. Ich bin auf dem Morgenboot gelandet und ich habe diejenigen, die sie begleiten und sich verneigen, mitgebracht. Ich steige auf; ich bin als wunderschöner phönixköpfiger Goldfalke gewirkt.«

In dem Text *Um die Gestalt des Reihers anzunehmen* (*Papyrus des Ani*, Kapitel 84–85) lesen wir: »Ich bin die Seele, die den himmlischen Ozean hervorgebracht und seinen Platz in der Unterwelt geschaffen hat. Mein Nest ist unsichtbar, ich habe das Ei aufgebrochen. Ich bin der Herr der Jahrmillionen. Ich habe mein Nest in den Himmelsbereichen gebaut.«

Aus all diesen poetischen Texten geht hervor, wie wichtig Vögel für die alten Ägypter waren. Es ist faszinierend zu sehen, auf welche Weise ein jahrhundertealter Glaube an die Kräfte der Vögel im Alltag praktiziert wurde. In diesen Texten offenbart sich eine bleibende Liebe zu Vögeln und eine tiefe Verehrung für die Geschenke, die sie uns von jenseits der Grenzen unseres Verstehens bringen.

Vögel im Mithraismus

Der Mithraismus oder Mithraskult ist einer der uralten Mysterienkulte, die sich zwischen dem ersten und vierten nachchristlichen Jahrhundert im Römischen Reich ausbreiteten. Er stammte aus Persien und war in den Schlussphasen des Römischen Reiches ein starker Konkurrent des Christentums. Aufgrund seines symbolischen Charakters ist der Mithraismus eine interessante Ergänzung zu diesem Buch, ähnlich den Stufen der Alchimie, die weiter hinten in diesem Kapitel behandelt werden.

Wie bei der Einweihung der Alchimisten wurden auch die Mitglieder des Mithraskultes durch sieben Stufen einer aufsteigenden Einweihung geführt, die den uralten Phasen der schamanistischen Metempsychose (Seelenwanderung) nachempfunden waren. Die Bruderschaft der Raben wurde später zur ersten von sieben Einweihungsstufen dieser Religion, die manchmal auch »Korax« oder »Rabengrad« hieß. Diese Stufe, ähnlich der ersten Stufe der Alchimie, symbolisiert den Tod des Initiierten und seine Wiedergeburt in die Geistwelt.

Später in diesem Buch werden wir sehen, welche Bedeutung Krähen und Raben in anderen Religionen als Vögel des Todes erlangten. Die Anhänger dieser Religion schrieben dem Raben (oder der Krähe) die gleichen Eigenschaften zu, wie es bei den alchimistischen Wandlungsstufen anderer Traditionen der Fall war. Der Rabe galt als Verkörperung Verethragnas (des Schlachtengottes), und Rabenfedern wurden unter den Gläubigen zu einem beliebten Talisman. Die Meditationen auf dieser Stufe verlangten von den Initiierten, dass sie sich geistig in einen Raben verwandelten, und viele trugen dabei Rabenmasken, um die Verbindung mit den magischen Energien dieses Vogels zu fördern. Mithras teilte die Krähen-Assoziation mit dem griechisch-römischen Sonnengott Apollo: In geheimen Zeremonien verkleideten sich die Anhänger als Krähen oder Raben und tanzten um einen unterirdischen Altar.

Vögel in der Bibel

Das frühe Christentum übernahm viele Traditionen des alten heidnischen Roms, darunter auch einige ähnliche Vorstellungen von den Kräften der Vögel. Viele Vögel wurden zu christlichen Symbolen oder zu Emblemen Christi, der Jungfrau Maria oder des heiligen Geistes, sodass ihre frühere Verehrung in den alten heidnischen Mythologien bedeutungs- und machtlos wurde. Durch die Christianisierung der Vogelsymbolik blieb der Einfluss der Vögel auch in späteren Zeiten ein wichtiger Bestandteil der religiösen Kultsymbolik. Zum Beispiel ist die Jungfrau Maria in der Kirche als archetypisches Muttersymbol eng mit der Taube verbunden. Die Jungfrau Maria und die griechische Göttin Aphrodite haben gewisse Symbole gemeinsam, insbesondere die Taube; und wie viele andere Ausdrucksformen der Göttin gilt die Jungfrau Maria unter Gelehrten als ein weiterer Nachkomme der altsteinzeitlichen Vogelgöttin. Das Symbol der Taube wurde in frühchristlicher Zeit häufig in Mosaiken und Katakomben verwendet. Die Friedenssymbolik der Taube stammt aus der biblischen Geschichte der Arche Noah, denn es war die Taube, die mit dem Olivenzweig zurückkehrte und damit das Ende der Sintflut zu verstehen gab: »Gegen Abend kam die Taube zu ihm zurück, und siehe da: In ihrem Schnabel hatte sie einen frischen Olivenzweig. Jetzt wusste Noah, dass nur noch wenig Wasser auf der Erde stand« (1. Buch Mose 8, 11).

Im Christentum symbolisieren Vögel die Anwesenheit Gottes – bei der Taufe Christi ist die Taube das Sinnbild des Heiligen Geistes, und der Spatz repräsentiert die Liebe Gottes auch zu den allerkleinsten Kreaturen. Der Adler galt als Symbol der höchsten intellektuellen Fähigkeiten des Menschen: der Fähigkeit, Gott zu verstehen und ihn deutlich wahrzunehmen.

In der Geschichte der Arche Noah war der Rabe der erste Vogel, den Noah aussandte: »Nach vierzig Tagen öffnete Noah das Fenster der Arche, das er gemacht hatte, und ließ einen Raben hinaus. Der flog aus und ein, bis das Wasser auf der Erde vertrocknet war.«[16]

Taube und Rabe wurden oft in der Bibel benutzt, um Menschen zu repräsentieren, die in der Welt gut oder böse, rein oder unrein waren. Der Storch war ein Symbol der Verkündigung und symbolisierte später auch Marias Tugenden der Frömmigkeit und Reinheit. Der Stieglitz symbolisierte die Leiden Christi, weil er Dornen und Disteln frisst – Raphaels Gemälde »Madonna mit dem Stieglitz« zeigt den Säugling Jesus, der einen Stieglitz streichelt.

Hausgeister

Es gibt viele Möglichkeiten, die Macht der Vögel in unserem Alltag zu nutzen. Wer sich mit traditioneller Magie befasst, weiß bereits, wie wunderbar es ist, einen Vogel als Hausgeist zu haben, der bei der Ausübung magischer Beschwörungen und Rituale hilft und diese verstärkt. Der Hausgeist gehört zu den häufigsten Symbolen im Bereich der Magie. Er begegnet uns überall – von den Raben Apollos und Odins bis zu der kleinen Eule, die eifrig auf der Schulter Athenas hockt. Vögel sind schon immer Begleiter der Götter, Magier und Schamanen gewesen und helfen ihnen dabei, die höchste Konzentration zu erreichen, spirituelle Reisen zu unternehmen und den Kontakt zu anderen Welten herzustellen.

Der Hausgeist ist ein Tier, das magische Bedeutung gewinnt, wenn es von einem Magier, einem Zauberer, einer Gottheit oder einem Schamanen bei rituellen Aufgaben und Beschwörungen gerufen wird. Er stellt einen Kontakt zur Tierwelt her, lehrt den magisch arbeitenden Menschen den Weg der Tiere und übernimmt für den Gestaltwandler die Rolle einer Elternfigur. Der englische Begriff *familiar,* der in diesem Zusammenhang »Hausgeist« bedeutet, entstammt dem lateinischen Wort *Famulus,* was »Beschützer« oder »Diener« bedeutet. In manchen Traditionen macht sich der Hausgeist nach der vollendeten Initiation des Eingeweihten bekannt, aber in modernerer Zeit erscheint er meist dann, wenn der Magier seine Kräfte oder seine Weisheit in einem bestimmten Lebensbereich braucht. Traditionell begegnet man Hausgeistern während der Einweihung oder nachdem man eine bestimmte Stufe der magischen Fähigkeiten gemeistert hat. Sie sind Geister, die ihre Gestalt gewandelt haben und nur demjenigen dienen, an den sie gebunden sind.

In den frühesten Schriften über Hexerei besaßen die am engsten mit Hexen verknüpften Wesen eine Verbindung zur Unterwelt. Die Vermischung des magischen Bewusstseins von Hexe und Hausgeist kann Türen zu anderen Ebenen öffnen und sowohl im materiellen Bereich als auch auf der Astralebene magische Taten bewirken. Vögel werden oft als Hausgeist gewählt, weil sie die Fähigkeit des interdimensionalen Fluges besitzen; darum wählen auch Schamanen Vögel für ihre Seelenreisen. Vögel können heilende Energien vom Schamanen zum Patienten bringen oder Botschaften zwischen materieller und spiritueller Ebene übermitteln. In der griechischen Mythologie war der Rabe der Hausgeist Apollos, des Gottes der Heilung und Prophetie. In Südafrika galt die Eule meist als Vogel des Zauberers. In vielen anderen Gegenden ist die Eule mit Hexen und Zauberern verbunden.

Auspizium

Vogelweissagung im antiken Griechenland und in Rom

In den frühen Jahrhunderten der griechisch-römischen Zivilisation stützte sich die Vogelweissagung nicht so sehr auf fundierte Interpretationen, sondern mehr auf Intuition. Das dramatische Auftauchen eines Vogels in einem bedeutungsvollen politischen oder militärischen Moment wurde als Schicksalsbotschaft verstanden und vom *Augur* entsprechend interpretiert.

Die Auguren des antiken Griechenlands und Roms waren Staatspriester, die den Willen der Götter weissagten, indem sie das Verhalten der Vögel beobachteten. Sie hatten einen hohen gesellschaftlichen Rang inne und wurden oft sowohl von den Herrschern als auch von den Untertanen hoch geachtet.

In der altrömischen Gesellschaft hatte der Augur die Aufgabe, anhand von Vorzeichen den Willen Jupiters festzustellen. Weder politische noch militärische Entscheidungen wurden jemals ohne den Rat der Vögel getroffen, und wenn es galt, wichtige Beschlüsse zu fassen, wurden immer zuerst die Auguren konsultiert. Die politischen Führer Roms brauchten die Zusicherung, dass ihre Handlungen den Göttern gefielen, damit weder sie noch ihr Imperium von göttlicher Rache heimgesucht wurden. Die Auspizien erlangten im alten Rom eine solche Bedeutung, dass viele Jahre lang die Staatsgeschäfte praktisch von einem offiziellen Kollegium der Omendeuter geführt wurden.

Scott Cunningham beschreibt die traditionelle Methode, mit der im alten Rom ein Vogelomen beschwört wurde:

Der Deuter des Auspiziums saß auf einem Hügel in einem Zelt. In einen speziellen Umhang gekleidet, umriss er mit seinem Augurenstab einen Ausschnitt des sichtbaren Himmels, innerhalb dessen die Omen erscheinen sollten. Nachdem er ein Weinopfer ausgegossen hatte, wurde ein Gebet gesprochen, in dem man Jupiter anflehte, »innerhalb der Grenzen, die ich aufgezeigt habe, eindeutige Vorzeichen zu gewähren«. Je nachdem, welche Vögel dort erschienen und wie sie sich verhielten, erklärte der Deuter, dass »die Vögel zustimmen« oder dass »die Vögel nicht einverstanden sind«.[17]

Römische Omendeutung basierte ausschließlich auf Vögeln. Die erste Deutungsmethode war die Beobachtung der Flugmuster der Vögel, hauptsächlich von Geiern und Adlern. Die zweite Methode hatte mit den Rufen von Vögeln zu tun, vor allem von Eulen, Krähen, Raben und Hühnern. Zur Zeit Alexanders des Großen hieß es, dass Krähen oder Raben den furchtlosen Eroberer zum Ammontempel in Ägypten geführt hätten und dass sie später seinen Tod in der Schlacht vor den Mauern Babylons voraussagten.

Abgesehen von der offiziellen Funktion der Vögel im Auspizium herrschte auch der Glaube, dass Vögel Warnungen und Prophezeiungen äußerten – eine Macht, die sie aufgrund ihres Kontakts mit den allwissenden Göttern und den Seelen der Verstorbenen besaßen.

Omendeutung in China

Während der chinesischen Han-Dynastie (104 v. Chr.) entstand der staatliche Beamtenposten des *vollkommenen Großomendeuters*. Dieser Staatsbeamte war für die Weissagung und alle anderen Rituale verantwortlich, deren man sich bediente, um die Staatspolitik zu beeinflussen.

Omendeutung in Tibet und Indien

In der tibetischen Omendeutung interpretieren Wahrsager das Krächzen der Krähen. Wenn der Vogel ein katastrophales Ereignis oder Ergebnis ankündigt, bringt man den Krähen Opfer dar, um das vorhergesagte Schicksal zu verhindern (meist besteht das Opfer aus dem Fleisch eines Frosches). Krähe und Rabe spielen in vielen älteren Weissagungsmethoden eine große Rolle, weil sie anscheinend Regen vorhersagen oder zumindest das wahrscheinliche Kommen des Regens ankündigen können.

Den Menschen der Antike fiel auf, dass Krähen und Raben kurz vor dem Regen einen ganz bestimmten Ton von sich gaben; und falls ein Sturm unmittelbar bevorstand, flogen sie rastlos hin und her. Die Krähe und der Rabe galten auch als bemerkenswerte Navigatoren. Die Verbindung des Krähenomens mit den Hauptrichtungen des Kompasses entstammte vermutlich der sehr frühen Beobachtung, dass die Krähe einen hoch entwickelten Ortssinn besitzt, den sie zum Entdecken von Land benutzt. Indische Seefahrer hielten sogar Vögel an Bord ihrer Schiffe, um diese auf der Suche nach Land auszusenden.

In Tibet wird der Rabe immer noch »Beschützer der Religion« genannt. Der folgende Abschnitt ist die Übersetzung eines östlichen Textes, der die Rolle des Raben in der indischen und tibetischen Religion beschreibt:

Der Rabe ist der Beschützer des Menschen und der amtierende Priester ... des Ordens der Götter ... Als Auserwählter der Götter verkündet er (ihren Willen) mittels der Klang-Sprache (des Raben) ...

Der amtierende Priester besitzt das Wissen der Götter ... und es ist der Vogel, der sein Gehilfe ist ... In seiner Sprache der

Wahrheit treu, zeigt er sich vertrauenswürdig, denn der Rabe ist ein Vogel des Himmels; er besitzt sechs Flügel und sechs Schwungfedern ... Die Sicht seiner Augen und sein Gehör sind scharf.

... er kann (die Menschheit) die Anweisungen der Götter lehren. Für den Menschen gibt es nur eine Methode, um (die Laute des Raben) zu untersuchen, und du kannst von nun an Glauben und Vertrauen (in seine Weissagungen) haben! [18]

In Südindien kündigt das unaufhörliche Krächzen einer Krähe auf einem Hausdach die Ankunft eines Gastes an, und die Hausfrau wird in Erwartung seines Eintreffens mehr Essen vorbereiten. Die Rig-Veda beschreibt den Ruf des Vogels im Viertel der Väter (dem Süden) als Vorladung der Väter (der Vorfahren).

Europa

Es heißt, dass die alten Kelten ein System der Vogelweissagung besaßen, das dem der alten Römer ähnelte. Keltische Höhlenmalereien aus der Bronze- und Eisenzeit, die im süd-italienischen Camonica-Tal gefunden wurden, zeigen Raben im Gespräch mit Menschen. Rabenweissagungen waren auf den britischen Inseln sehr verbreitet, und das Weissagungssystem ist dem des heutigen Tibets erstaunlich ähnlich, wo man häufig Raben beobachtet, um das bevorstehende Geschick oder die baldige Ankunft von Besuchern zu erfahren.

Nun, da Sie einen gewissen Überblick über die Rolle der Vögel in heidnischer Religion und Spiritualität haben, wollen wir uns nun den Vögeln in der Alchimie zuwenden: der mystischsten und symbolischsten aller magischen Bestrebungen.

5

*Seelenalchimie
und Vogelflug*

Ich hatte entdeckt ... dass ihre Doktrin keine bloße
chemische Fantasie war, sondern eine Philosophie,
die sie auf die Welt, die Elemente und
den Menschen selbst anwendeten.

W. B. Yeats, Rosa Alchemica

Weil Vögel in der Alchimie eine so große Rolle spielen, habe ich dieser alten Symbolik ein ganzes Kapitel gewidmet. Falls Ihnen die Alchimie unbekannt ist: Technisch gesehen ist sie die alte wissenschaftliche Tradition, niedrige Metalle in Gold zu transformieren oder dies zumindest zu versuchen. Doch die Grundlage der Alchimie als Wissenschaft, die danach strebt, das Niedrige in eine höhere Form zu transformieren, wurde zu einer Metapher für spirituelle Evolution und Transformation. Diese »Seelenalchimie« ähnelt vielen spirituellen Traditionen, deren Schwerpunkt die Erleuchtung oder Vervollkommnung oder das Werden an sich ist. Natürlich sind Vögel die idealen Repräsentanten eines so fantastischen Ziels.

Im Altertum sah der Alchimist im Vogelflug die Natur der menschlichen Seele, die das irdische Reich transzendiert, um neue Höhen im Himmel zu erreichen. Die Alchimisten bedienten sich einer Geheimsprache und benutzten ausschließlich Symbole, um die tiefen spirituellen Wahrheiten solcher Transformationen vor den uneingeweihten Massen zu verbergen. Die Seelenalchimie versteckt sich jedoch nicht etwa vor der Welt, sondern bezieht sich auf die Prozesse der innerlichen Transformation, die wir alle kontinuierlich durchlaufen, sowie auf die Bewusstseinsebenen, die jeder dieser Prozesse mit sich bringt. Die Alchimisten nennen diesen Vorgang »Das

Große Werk«. Da wir Wesen sind, die sich ständig weiterentwickeln, sind diese Stufen für uns unvermeidlich. Es ist die Heldensuche und die Befreiung aus den Fesseln der Körperlichkeit.

Die Vögel, die in der Alchimie auftreten, schenken uns viele Einblicke in die Prozesse, die sie repräsentieren. Überdies entsprechen ihre alchimistischen Botschaften ganz eindeutig genau den spirituellen Bedeutungen, die sie außerhalb dieser geheimnisvollen Tradition besitzen, was auf die ewigen archetypischen Eigenschaften der Vögel verweist. Die häufigsten Vogelsymbole sind die Krähe und der Rabe, die uns auffordern, die Bequemlichkeit der sterblichen Existenz hinter uns zu lassen und in die ewige Leere einzutreten, in der die Selbsterkenntnis beginnt. Das Erscheinen der Krähe in der Alchimie entspricht der Erfahrung der Menschen, denen die Krähe oder der Rabe als Seelenführer erscheinen. Diese Vögel verweisen unnachgiebig auf den unvermeidlichen Tod – einen Tod, den man nicht zu fürchten braucht, sondern als Neuanfang sogar willkommen heißen darf. Wer den Tod des Selbst akzeptieren kann, hat sich die Medizin der Krähe und des Raben zu eigen gemacht.

Die anderen Vögel dieser Tradition sind der Pfau, der Schwan, der Pelikan und der mythische Phönix.

Eine gute Methode, die Stufen der Alchimie oder Seelentransformation zu begreifen, ist, jeder einzelnen Stufe als eigenständige Entität zu begegnen. Die folgenden Meditationen sollen Ihnen dabei helfen, die inneren Prozesse der Seelenalchimie besser zu verstehen. Vielleicht ist es eine gute Idee, die Texte vor der Meditation aufzunehmen und dann während der Übungen abzuspielen.

Die Krähe

Die Nigredo-Erfahrung

Die schwarze Krähe symbolisiert den Anfang des Großen Werks der Seelenalchimie. Diese Stufe verweist auf die erste Begegnung des Initiierten mit seinem »inneren Raum«, in den man dadurch eintritt, dass man sich durch Meditation aus der äußeren Welt der Sinne in die zunächst dunkle innere Welt der Seele zurückzieht. *Nigredo* oder »Schwärze« bedeutet im alchimistischen Sinn Verwesung und Zerfall.

Indem man durch das äußere Feuer eindringt, wird das innere Feuer aktiviert und die Materie beginnt zu verwesen. Dieser Prozess wird auch »Kochen« genannt. Die schwarze Erde wird in ein Behältnis oder eine Flasche eingeschlossen und anschließend erhitzt. In den alten alchimistischen Texten wird dies oft als Prozess des Todes dargestellt, und dadurch wird die schwarze Krähe zum Symbol für den Austritt aus der physischen Wahrnehmung und für das Zerreißen der Fesseln, die uns an den Körper binden.

Meditation – Nigredo:
Begegnung mit der Krähe

Diese Meditation offenbart die inneren Prozesse des *Nigredo*. Dort wohnen alle Dinge, bevor sie sich in der dreidimensionalen Wirklichkeit manifestieren. Hier werden Sie der Krähe als Führer durch die erste Stufe der Seelenalchimie begegnen.

Am besten führen Sie diese Meditation nachts und ohne irgendeine Lichtquelle durch. Dadurch wird es Ihnen möglich, die Erfahrung der Dunkelheit in ihrer Ganzheit zu erleben.

Seien Sie ganz still in Ihrer Umgebung. Betrachten Sie alle »Dinge«, die Sie als greifbar, echt und dauerhaft auffassen. Betrachten Sie die Wände, den Fußboden und die Zimmerdecke – Ihre physischen Grenzen in der Erdenzeit. Nun schalten Sie alle Lichter aus. Schließen Sie die Augen. Atmen Sie. Erlauben Sie es Ihrem Atem, alles zu sein, was er sein will. Öffnen Sie die Augen. Betrachten Sie die Schwärze, die Sie jetzt umgibt.

Achten Sie auf die Täuschungen des Auges, die sich vor Ihrem Gesicht bewegen. Sie werden Muster, Farben, vielleicht sogar Visionen sehen. Ihr Bewusstsein sucht ständig nach einem »Etwas«, das es in Raum und Zeit verankert. Aber diese Eindrücke werden allmählich in der Dunkelheit verschwinden, denn sie sind flüchtig und vergänglich. Ihr Gehirn beginnt, das Nichts vor ihm zu akzeptieren. Schauen Sie in die Schwärze hinein – dort ist die Krähe. Die Krähe umgibt Sie, während Sie die Dunkelheit annehmen. Heißen Sie die Krähe im Raum willkommen, aber seien Sie sich bewusst, dass es nicht Ihr Raum ist. Die Wände, Böden und Decken sind verschwunden, denn Sie befinden sich nun im gewaltigen ewigen Mutterleib der Schöpfung, wo alle Dinge geboren werden und wohin alle Dinge im Tod zurückkehren müssen. Nehmen Sie diese Dunkelheit als die höchste Leere des Universums an.

Nun denken Sie an all die Eigenschaften, die Sie sich selbst zugeschrieben haben – Ihre Vorstellungen von Schönheit, Intelligenz, Kraft und Begabung, die nun langsam aus Ihrem Ego herausschweben. Überreichen Sie sie liebevoll der Krähe, die alles verschlingt, was zur mentalen Struktur des Ego geworden ist. Dieser Teil der Meditation dauert vielleicht am längsten. Arbeiten Sie daran, bis Sie sich von den Bildern trennen können, die Sie mit dem physischen Bewusstsein erschaffen haben. Sie werden allmählich zu einem Teil der Dunkelheit, wo die Krähe wohnt. Beginnen Sie nun, mit der Krähe durch diesen Raum zu reisen, und erlauben Sie es sich, das ganze Potenzial dieser Leere zu sehen. Schauen Sie genau hin, wenn Ihnen die Krähe die Gedankenmuster zeigt, die alle Dinge in der dreidimensionalen Welt formen. Bleiben Sie an diesem Ort, bis Sie die Macht des Nichts, der Dunkelheit, des Urabgrunds verstanden haben. Nun sehen Sie zu, wie all diese Dinge, all diese Möglichkeiten und Wünsche sich langsam entfernen. Sie kehren in die Schwärze zurück, aus der sie kamen, als bloße Dinge, die keine Festigkeit in Ihrem Geist gefunden haben. Bleiben Sie hier, solange Sie können, denn dies ist der Ort, an dem das starre Konzept der Körperlichkeit abfallen muss. Hier werden Sie die Schwärzung hinter sich lassen und zur Weißwerdung des Schwans vordringen. Bedanken Sie sich bei der Krähe für ihre Führung und erlauben Sie es ihr, weiterzuziehen.

Schalten Sie das Licht wieder ein. Nehmen Sie sich einige Minuten Zeit, um sich wieder an Ihre Umgebung zu gewöhnen. Machen Sie sich Notizen, falls Sie möchten, damit Sie Ihren Fortschritt durch jede Stufe Ihrer Umwandlung verfolgen können.

Der weiße Schwan

Albedo

Die zweite Stufe, die uns in der Seelenalchimie begegnet, wird von einem weißen Schwan symbolisiert und als *Weißwerdung* bezeichnet. Auf dieser Ebene erhascht der Initiierte zum ersten Mal einen Einblick in die innere Erleuchtung. Es ist die erste Begegnung mit der Illumination; mit dem strahlenden Licht, das auch an den dunkelsten Orten der menschlichen Psyche leuchtet. Der Schwan ist die Vermischung der physischen Welt mit der des Geistes. Wenn sich der Alchimist nach innen wendet, vereinigt die Illumination des Schwans das Männliche und das Weibliche. In der alchimistischen Bildsprache wird dies als zwei Ströme dargestellt, die in ein gemeinsames Becken einfließen.

Der Schwan ist ein Vogel, den man selten im Flug sieht, sondern meist schwimmend auf der Wasseroberfläche. In der Seelensymbolik bewegt sich der Schwan elegant auf der Oberfläche der Seele. Der Schwan, anscheinend in Reinheit gebadet, ist unsere Rettungsleine, die uns mit den ätherischen Welten verbindet.

Als wir in die physische Welt eintraten, kamen wir in eine Welt des Dualismus. Die Stufe der Weißwerdung bringt alle Dinge zurück zur Harmonie, zum Einssein. Albedo ist die Sonne, die um Mitternacht aufgeht; das Licht, das auch die finsterste Wolke des seelischen Aufruhrs erhellt. Der Schwan ist das Symbol des Zwittertums oder der Vereinigung der Gegensätze.

Meditation – die Weißwerdung:
Begegnung mit dem Schwan

In dieser Meditation werden Sie in *Albedo,* die *Weiße* des alchimistischen Prozesses, eintreten. Sie können dies bei Tageslicht tun, am besten bei Sonnenaufgang oder früh am Morgen. Vergessen Sie nicht, dass Sie sich durch diese Meditation in das Reich des Lichts und der Wiedervereinigung der Gegensätze bewegen, deshalb wird der Sonnenaufgang – das Licht, das aus der Dunkelheit kommt – sehr symbolisch für diese Übung sein.

Seien Sie auch diesmal in Ihrer Umgebung ganz still. Falls möglich, blicken Sie in die Richtung des Sonnenaufgangs oder dorthin, wo die Sonne am Himmel steht. Nehmen Sie das Strahlen dieses Lichts und das Ausmaß seiner Macht über die Erde wahr. Nun stellen Sie sich vor, dass alle Dinge der physischen Welt sich diesem Licht beugen und sich schließlich darin auflösen. Das Licht beginnt, eine Gestalt anzunehmen: die Gestalt eines prachtvollen weißen Schwans. Das Erscheinen des Schwans signalisiert eine Zeit der Vereinigung. Dinge, die einst als Gegensätze betrachtet wurden, verschmelzen nun zu einer einzigen, ungeteilten Wesenheit. Licht durchdringt die Dunkelheit, genauso wie die Dunkelheit aus dem Licht aufsteigt. Sie sind ein und dasselbe; das eine kann ohne das andere nicht existieren. Genauso ist es auch in unserem Inneren: Das Physische und das Spirituelle sind eine einzige Kraft, die durch unterschiedliche Energieschwingungen wirkt. Beobachten Sie den weißen Schwan vor sich. Die seidigen weißen Federn, die göttlich und andersweltlich wirken. Der Schwan bewegt sich anmutig um Sie herum und nimmt Ihr ganzes Sein in seine Flügel

auf. Das Licht, das dem Schwan entströmt, ist warm,
tröstend und ewig.

Dann bewegt sich der Schwan fort und schwebt durch
den Raum vor Ihnen. Beachten Sie, wie makellos dieser
Vogel wirkt, und machen Sie sich bewusst, dass er im
Gleichklang mit der Krähe erschaffen wurde. Der Schwan
ist Licht, die Krähe Dunkelheit, doch beide wurden aus
derselben Leere geboren, genau wie alle anderen Dinge.
Nun können Sie die Helligkeit sehen, die sich in allem
befindet: in Ihnen selbst, in der Erde, in der Menschheit
und in den Tieren. Alles gehört gleichzeitig der gleichen
Dunkelheit und dem gleichen Licht an. Sie haben die
Weiße erlebt, Albedo, und können das innere Licht des
Erwachens wirklich sehen. Verabschieden Sie sich vom
Geist des Schwans. Öffnen Sie die Augen und gewöhnen
Sie sich wieder an die dreidimensionale Wirklichkeit.

Der Pfau

Das Schillern

Die dritte Stufe der alchimistischen Seelentransmutation gehört dem Pfau, der das Erwachen zur inneren Welt der Farben symbolisiert. Sobald der Alchimist das innere Licht des Schwans aus der Dunkelheit des *Nigredo* (der Krähe) erreicht hat, wird er sich der Farbmuster der Astralwelt bewusst, die sich ständig verändern, verwandeln und sich mit der Schöpfungsenergie bewegen. Dies gilt oft als der Wendepunkt des alchimistischen Prozesses, denn hier erkennt der Alchimist die Bedeutung der inneren Welt, die die äußere Welt der dreidimensionalen Wirklichkeit gestaltet und verändert.

Meditation – das Schillern:
Begegnung mit dem Pfau

Diese Phase wird vom Pfau symbolisiert, dessen farbenprächtiges und schillerndes Rad die Vermischung des Lichts und der Dunkelheit repräsentiert. Alle Farben entstammen der Reflektion des Lichts vor der Dunkelheit; und dies sieht man auch in der wundervollen Pracht der Raben- und Krähenfedern sowie im Gefieder des Kolibris und der Elster. Weil diese Meditation Ihre innere Erfahrung enthält, spielt die Tageszeit keine Rolle. Sie haben die Welt des Physischen hinter sich gelassen und werden sich der Astralebenen bewusst, die man im Inneren erlebt. Diese Phase galt manchmal fälschlicherweise als das Erreichen der Erleuchtung, aber sie ist lediglich die Mitte des Prozesses, und man darf ihre etwas illusorische Natur nicht mit vollständiger Erleuchtung verwechseln.

Schließen Sie die Augen und treten Sie in die Bewegung Ihres Geistes ein. Ihre Gedanken jagen wild durcheinander, chaotisch, scheinbar ohne Sinn und Ziel. Auch erscheint eine Vielzahl von Farben, die sich vermischen, sich wieder voneinander lösen und sich vor Ihrem geistigen Auge zu Bildern entwickeln. Dieses Farbenspiel entsteht durch die Verschmelzung von Licht und Dunkelheit, die Sie auf den früheren Stufen von Krähe und Schwan erlebten. Versuchen Sie, sich an nichts, was Sie sehen, zu binden, sondern erlauben Sie es dem Strom der visuellen Eindrücke, durch Ihr Bewusstsein zu fließen. Dies mag dem Zustand des Nigredo ähnlich scheinen, aber hier ist das Ziel nicht die Auflösung, sondern das Aufsteigen der Farben aus dem Inneren. Vor Ihnen erscheint ein großer Vogel, dessen Gestalt sich aus dem Chaos der Farbverschmelzungen formt. Es ist der Pfau,

der Ihren Fortschritt im Großen Werk durch die Freiset-
zung der Dualität signalisiert. Der Pfau erinnert Sie da-
ran, dass die Dinge in Ihrem Bewusstsein Illusionen sind.
Die Farben sind »Trugbilder des Auges«, genauso wie die
Farben seines prachtvollen Rads lediglich Reflektionen des
Sonnenlichts sind: eine optische Täuschung. Beobachten
Sie, wie all die Farben und die Gestalt des Pfaus wieder
miteinander verschmelzen, wenn die illusorische Natur
des Bewusstseins vor Ihnen zusammenbricht.

Öffnen Sie die Augen. Gehen Sie zur folgenden Stufe des
Pelikans weiter.

Der Pelikan

Mit Seelenkräften arbeiten

Die vierte Phase wird ideal durch den Pelikan repräsentiert,
denn der Alchimist muss sich selbst dem inneren Wesen op-
fern, zu dem er wird. Auf dieser herausfordernden Stufe muss
das Selbstbild verändert und transformiert werden, und letzten Endes wird das bisherige Selbst zugunsten des neu aufsteigenden spirituellen Selbst aufgegeben.

Meditation – Selbstopferung:
Begegnung mit dem Pelikan

In dieser Meditation werden Sie vielen Dingen begegnen.
Nun gehen Sie über das Selbst, das Sie erschaffen haben, hinaus und erlauben es dem Embryo des auftauchenden Geistes,
zu wachsen.

Schließen Sie die Augen. Lassen Sie Ihr Bewusstsein erneut aus der materiellen Welt um Sie herum hinausschweben. Durchqueren Sie die Astralwelt des Pfaus und treten Sie in den reinen Geist ein, der Sie erwartet. Hier begegnen Sie den Seelenkräften, die Ihr tiefstes Wesen und Ihr Fundament sind.

Betrachten Sie sich selbst nun mit Ihrem geistigen Auge. Stellen Sie sich alles vor, was Sie zu sein glauben. Alle Worte, die Sie an Ihr Selbst knüpfen. Alle Dinge, von denen Sie glauben, dass Sie sie besitzen oder sind oder brauchen. Nun stellen Sie sich vor, wie Sie alle diese Dinge in ein großes, unendliches Wasserbecken werfen. Dieses Wasser absorbiert das Physische Ihrer Schöpfungen.

Vor Ihnen erscheint nun ein großer weißer Vogel, der sich Ihnen nähert. Es ist ein Pelikanweibchen. Sie gleitet langsam über das stille Wasser und verursacht dabei kleine Wellen auf der Oberfläche. Nun holt das Pelikanweibchen all die Dinge aus dem Wasser, die Sie hineingeworfen haben, und nimmt sie in ihr Sein auf. Sie haben diesem großen Wasservogel Nahrung gegeben, und er ist Ihnen für die Geschenke dankbar. Das Pelikanweibchen streckt Ihnen seinen großen Schnabel entgegen und öffnet ihn weit. Es bietet Ihnen einen winzigen Embryo dar, der wie der hellste Stern im Universum schimmert.

Der Embryo ist Ihre Seele in ihrem reinsten Zustand. Er ist das, was Sie wirklich sind, wenn die Illusion zusammenfällt und das wahre Selbst hervorkommt. Danken Sie dem Pelikanweibchen für seine Lehren und nehmen Sie das Bild des Embryos mit in die Welt zurück.

Öffnen Sie die Augen. Sehen Sie einige Minuten lang in einen Spiegel und stellen Sie fest, dass sich Ihre Auffassung von sich selbst radikal verändert hat. Sie sind bereit für die abschließende Stufe der Seelentransformation.

Der Phönix

Die Vervollkommnung des Großen Werkes

Dies ist die letzte Stufe der inneren Entwicklung des Alchimisten. Das Ziel der spirituellen Pilgerfahrt ist der Phönix, dessen Federn ein Heilmittel gegen Wut und Trauer sind: eine Art universelles Medikament, das zunächst Bitterkeit und Leid verursacht, doch am Ende wartet himmlische Freude. Dieser mythische Vogel repräsentiert Unsterblichkeit und Wiedergeburt und wurde von den Alchimisten als Symbol der letzten Stufe des Großen Werkes gewählt, deren Abschluss zur vollkommenen Erleuchtung und zum spirituellen Bewusstsein führt. In der Mythologie heißt es, dass der Phönix aus seiner eigenen Asche aufsteigt, nachdem er von den Flammen des Scheiterhaufens verschlungen wurde. Dies ist auf der ganzen Welt ein klassisches Symbol für die Wiedergeburt und die Erneuerung nach dem Tod.

Meditation – Begegnung mit dem Phönix

Schließen Sie die Augen. Stellen Sie sich vor, wie Sie aus dem kleinen Embryo, den Ihnen der Pelikan gegeben hat, herauskommen. Sie haben es Ihrem wahren Sein ermöglicht, als spirituelles, in Licht gekleidetes Wesen wieder aufzutauchen. Nun können Sie die Kräfte Ihrer Seele sehen, die von Ihrem physischen Körper ausstrahlen.

Sie sind fleischgewordener Geist. Das Selbst hat sich in der Welt des reinen Geistes aufgelöst. Vor Ihnen fliegt ein großer Vogel, der Ihnen fast unwirklich erscheint. Es ist der Phönix, dessen Erneuerungsfähigkeiten legendär ist und der nur bei der Vervollkommnung des Großen Werkes gesehen werden kann.

Der große Vogel fliegt über Sie hinweg und lässt eine Feder in Ihre Hand fallen. Die Feder symbolisiert die Leichtigkeit Ihres neuen Wesens. Dies ist die wahre Natur der menschlichen Seele, ungebunden an die physische Welt. Sie sind nicht mehr von Ihrem physischen Körper als Grundlage Ihres Seins abhängig, sondern sind nun ein Wesen des Geistes innerhalb dieses Körpers.

Bedanken Sie sich bei dem Phönix dafür, dass er Ihnen die Erfüllung Ihres alchimistischen Ziels bestätigt hat, und kehren Sie in das Bewusstsein der Welt um Sie herum zurück.

6

Federn

Hoffnung ist das gefiederte Ding,
das in der Seele hockt, die wortlose
Melodie singt und nie verstummt.

Emily Dickinson,
Hope is the thing with feathers

Als selbsternannte Vogelfanatikerin habe ich immer das Gefühl, einen vergrabenen Schatz zu heben, wenn ich Federn finde. Ich muss dann auf der Stelle wissen, von wem sie stammen, und ihnen sofort einen Platz in meiner Sammlung zuweisen, um diese unschätzbare Kostbarkeit der Natur auszustellen und aufzubewahren. Auch Kinder scheinen sich zu Federn hingezogen zu fühlen, und ich teile diese Geschenke oft mit meiner Tochter und ihren Freunden. Denn Federn sind nicht nur komplexe Strukturen, sondern auch unvergleichlich und prachtvoll anzusehen; und sie erfüllen eine Vielzahl von Funktionen, um das Überleben jeder Vogelart zu sichern. Von der Wärmeisolierung bis zum Flug, von der Landung bis hin zum Tauchen sind Federn ein Allzweckwerkzeug der Vögel.

Wissenschaftlich gesehen, entsteht das Gefieder der Vögel aus Auswüchsen ihrer Oberhaut. Sie entspringen den winzigen Follikeln der äußersten Hautschicht, wo Keratinproteine produziert werden, und die Natur hat sie ideal gestaltet, um den Körper warm zu halten, den Flug und die Landung zu ermöglichen und durch ihre oft atemberaubende visuelle Erscheinung potenzielle Paarungspartner anzuziehen. Man vermutet, dass Federn aus den Schuppen der Reptilien hervorgingen, und Vögel haben aufgrund dieser Entwicklung ihren einzigartigen Platz im Tierreich. Im spirituellen Sinn haben

Federn jedoch eine Fülle von Bedeutungen und verbinden uns erdgebundene Wesen mit dem magischen Reich der Lüfte.

Kulturell gesehen, sind Federn oft Symbole des Geistes, der Freiheit, der Göttlichkeit, der Magie und der Autorität und oft sogar Statussymbole. Die luftige Zartheit der Feder ist ein mächtiges Symbol für die Wahrheit und deren Verletzlichkeit und auch für die Gewichtslosigkeit der Seele. Bei vielen Ureinwohnerstämmen sind Federn für die Identität eines Stammes oder einer Gruppe das bestimmende Emblem. Die Ureinwohner in Neuseeland, Papua-Neuguinea, Nordamerika und Afrika benutzen immer noch Federn für ihre zeremoniellen Riten und Einweihungen. In Südamerika trägt man Federn bei Einweihungen und Beerdigungsriten, und die dortigen Schamanen benutzen sie als Machtquelle oder um ihre Stellung in der sozialen Rangordnung zu demonstrieren und politischen Einfluss auszuüben. In der Mayatradition schmückten drei Federn die Krone des Mu, und auf der mexikanischen Mu-Niven-Steintafel krönen drei Federn den Kopfputz des Ra Mu, des königlichen Hohepriesters.

Das Tragen von Federn ist eine Erinnerung an die Verbindung zwischen dem Leben der Menschen und dem Leben der Tiere. Wenn der menschliche Körper in Federn gekleidet ist, wenden sich seine Gedanken der Möglichkeit der Loslösung von dieser Welt zu. Deshalb wurden viele alte Himmelsgottheiten mit Federumhängen und Vogelbegleitern dargestellt – sie symbolisierten etwas, was jenseits dieser Welt liegt, und versprachen etwas Größeres als das, was der menschliche Verstand wahrnehmen kann.

Federn sind leicht und gehören dem Luftelement an: Sie symbolisieren die grenzenlose Natur der Seele. So komplex Federn auch aus wissenschaftlicher Sicht erscheinen, sind sie dennoch uralte Symbole der Einfachheit, der Leichtigkeit und der Mühelosigkeit. Die einzelne Feder, die die nordamerikanischen Indianer trugen, sorgte dafür, dass jeder Krieger mit der spirituellen Welt verbunden blieb. Man nannte sie auch »Symbole für die Leistung, sich über die irdische Welt zu erheben und die Schwere des Alltags hinter sich zu lassen«[19].

Die Weisheit der Vögel wird durch ihre Federn symbolisiert und weitergegeben. Viele Heiler und Ausübende der Magie verwenden sie aus verschiedensten Gründen, und obwohl sie alle die gleichen spirituellen Eigenschaften besitzen, muss der Vogel, von dem die Feder stammt, verstanden und respektiert werden, bevor man seine Feder im spirituellen Bereich korrekt verwenden kann. Traditionell benutzen Schamanen in aller Welt regelmäßig Federn als Hilfsmittel zur Vertreibung von Krankheiten aus dem Körper eines Patienten und um den Heilungsprozess zu beschleunigen. Die als *Smudging* (Verwischen oder Verschmieren) bekannte traditionelle Zeremonie, die weiter unten erörtert wird, ist inzwischen zweifellos vielen Menschen bekannt und gehört zu den effektivsten Methoden zur Läuterung der Energie.

Die Puebloindianer stellten ihre Gebetsstäbe und -federn aus Weidenholz her, das sie bemalten und um das sie mit Baumwollgarn Federn banden. Das *To'i* ist ein Zuckerrohr, an dem zwei Truthahnfedern befestigt sind.

Bei schamanistischen Heilungszeremonien legt der Schamane je eine Adler- oder Falkenfeder auf die vier Kompasspunkte um den Körper eines Patienten auf den Boden. Daraufhin singt der Schamane, hebt jede Feder einzeln auf und berührt damit die schmerzende Körperstelle des Patienten. Manche Schamanen behandeln kranke Menschen mit Fächern aus Adlerfedern, wobei die Heilkraft durch die Arme des Heilers in die Federn übergeht und dann in den Körper des Patienten eindringt.

Federfächer symbolisieren häufig bestimmte Gottheiten und werden ab und zu von Initiierten für die Benutzung durch andere Initiierte bei spirituellen Bräuchen angefertigt. In der afrikanischen Kultur repräsentieren Federfächer die Göttinnen Oshun und Yemenja. Der Pfauenfederfächer Oshuns und der Entenfederfächer Yemenjas werden im Namen dieser Gottheiten zur Reinigung benutzt. Diese Göttinnen haben die Fähigkeit, durch die zeremonielle Benutzung des heiligen Federfächers Hindernisse zu beseitigen.

In der Maorikultur Neuseelands waren Federumhänge (*Kahu Huruhuru*) Symbole der Meereskönige und wurden von den Adligen getragen. Die am höchsten geschätzten Federn für diese Umhänge waren die des Kiwi, vor allem des seltenen Albinokiwis.

Aufgrund der schnellen Flugbewegungen des Kolibris benutzten die Azteken- und Mayavölker oft Kolibrifedern oder die Asche dieser Federn, um magische Werke zu beschleunigen. Außerdem verwendeten sie Federn, um während der Einweihungen die magischen Farben aufzutragen. Die Farben der von den Maya getragenen Federn drückten den Rang des Trägers aus: Gelb bezeichnete den Hochadel, Blau die Priesterschaft und Rot die Soldaten und niedrigeren Adligen. In alter Zeit scheint Gelb auf vielen Erdteilen die Farbe des Hochadels gewesen zu sein.

In China trug man während der Mingdynastie Pfauenfedern als Symbol eines offiziellen Ranges; und in vielen Teilen der Welt galten sie als Symbol des bösen Blicks.

Die Bedeutung der Federfarben

Falls Sie vorhaben, Federn bei irgendwelchen spirituellen Arbeiten anzuwenden, wird Ihnen die folgende Farbenliste eine große Hilfe sein. Aber wie bei jeder spirituellen Arbeit wird Ihre Intuition Ihr bester Führer sein.

Weiße Federn repräsentieren die Mondenergie, Reinigung, Frieden und Schutz vor Geistern. Viele Schamanen tragen Weiß als Symbol ihrer Verbindung mit den höheren Reichen. In Südamerika scheint Weiß sogar in erster Linie eine schamanistische Farbe zu sein.

Rote Federn regen die Lebenskraft an und repräsentieren Vitalität, Tatkraft, Energie und Macht. In Südamerika können rote Federn auch Güte, Macht, Fruchtbarkeit, das Blut der Schlachten, Opfer und Sexualität symbolisieren.

Blaue Federn sollen die übersinnliche Wahrnehmung und die Geistesschärfe anregen. Sie rufen die Energien der Freude, des Friedens und der Ruhe hervor und symbolisieren das Wasser und den Himmel. In Südamerika stehen sie oft für den Himmel, das Wasser, rituelles Räucherwerk und Kommunikation.

Schwarze Federn lösen das Negative auf und repräsentieren manchmal spirituelle Weisheit. Weil viele schwarze Federn, etwa die der Krähe und des Raben, auch viele andere Farben besitzen, wenn man sie im Licht betrachtet, symbolisieren sie die Leere, in der alles erschaffen wird, und verfügen über sehr mystische Eigenschaften. In Südamerika können schwarze Federn mit hohem Rang und Macht verbunden sein, aber auch Negativität repräsentieren.

Gelbe Federn symbolisieren die schöpferischen Kräfte der Sonne und außerdem Freude, geistige Wachheit und Wohlstand. In Südamerika können gelbe Federn die Sonne, Energie und Fruchtbarkeit heraufbeschwören.

Grüne Federn verkörpern Geld, Gesundheit, Fruchtbarkeit, Wachstum und neues Leben – in Südamerika die Vegetation.

Braune Federn werden meist verwendet, um das Element Luft mit der Erde zu verbinden und die Weisheit des Geistes auf die Erde herunterzubringen.

Rosa Federn sollen die Liebesenergie anziehen und das Herz öffnen, sodass es für Liebeserfahrungen empfänglich wird.

Graue Federn repräsentieren sowohl Neutralität als auch Frieden. Sie gelten als eine Mischung aus Erde (schwarz) und Geist (weiß); und sie helfen uns dabei, diese beiden Kräfte zu Heilzwecken miteinander zu verbinden.

Federarten

Flugfedern

Die Federn der Flügel und des Schwanzes sind beim Fliegen das Wichtigste. Aufgrund ihrer Stärke und Fähigkeit, das Luftelement zu kontrollieren, werden diese Federn am häufigsten in Heilungszeremonien verwendet. Man benutzt sie, um Energie in den heilungsbedürftigen Körperteil zu leiten. Verwenden Sie Flugfedern, wenn starke Energien benötigt werden, um Negativität in einem Körper oder einem Raum aufzulösen.

Schwanzfedern

Die Schwanzfedern ermöglichen es den Vögeln, wieder auf den Boden zurückzukommen. Mit ihrer Hilfe bleiben Vögel mit Mutter Erde verbunden, nachdem sie in den Höhen von Vater Himmel geschwebt sind. Als Heilungsinstrumente helfen Schwanzfedern uns dabei, im Alltag geerdet zu bleiben, während wir zu den Ebenen des Geistes aufsteigen. Die Arbeit mit Vogelmedizin kann zu einem Gefühl der Orientierungslosigkeit führen; und deshalb ist die Erdung besonders wichtig, um allzu viele Ausflüge in das Reich der Fantasie zu vermeiden. Benutzen Sie Schwanzfedern als Konzentrationshilfe und um sich auf die Erde zurückzubringen.

Eine Warnung

Federn, die zu Heilungszwecken eingesetzt werden, dürfen *niemals* illegal erworben werden, und auch dem Vogel selbst darf in keiner Weise Schaden zugefügt werden. Im Lauf Ihrer spirituellen Fortschritte werden Ihnen zur rechten Zeit Federn geschenkt werden, seien Sie also geduldig!

Heilungszeremonien

Die im Folgenden aufgeführten Vogelfedern werden am häufigsten in Heilungszeremonien benutzt.

Adlerfeder

Adlerfedern verkörpern die Energien der Freiheit und die Verbindung zum Großen Geist. Traditionell sind sie ein Sonnensymbol – eine männliche Entität. Benutzen Sie Adlerfedern, wenn es um Tiefenheilung oder starke Energieblockaden geht, die die männliche Energie ins Ungleichgewicht bringen. Die Verbindung des Adlers mit dem Himmel und dem Wind hilft beim Entfernen aufgestauter Energie. Ich benutze oft Adlerfedern, wenn das männliche Prinzip gebraucht wird oder wenn physisches Handeln nötig ist, um Dinge von der gedanklichen Ebene auf die Ebene der konkreten Wirklichkeit zu bringen.

Falkenfeder

In der Wicca-Tradition ist der Falke eng mit der Göttin verbunden und trägt starke weibliche Energie in sich. Sie können Falkenfedern benutzen, um Ihre Verbindung mit Mutter Erde zu stärken oder Blockaden aufzulösen, die durch ein Ungleichgewicht weiblicher Energien entstanden sind. Falkenfedern können auch bei Ritualen für tiefe Einsichten und zur Stärkung der intuitiven Fähigkeiten getragen werden und unterstützen hervorragend die Konzentration und Zentrierung. Kombiniert mit Eulenfedern, werden Falkenfedern Ihr Traumleben intensivieren.

Eulenfeder

Die Federn der Eule, eines weiteren mit der Göttin assoziierten Vogels, werden ebenfalls in Wicca-Ritualen benutzt, vor allem wenn sie mit dem Mond oder den Mondzyklen zusammenhängen. Eulenfedern verstärken alle magischen Arbeiten, besonders in Verbindung mit einer Art der Weissagung. Eulenfedern tragen auch starke Energien der Nacht und des Todes in sich. Benutzen Sie sie in Freisetzungszeremonien oder hängen Sie sie als Hilfsmittel für Ihre Traumarbeit über Ihr Bett.

Geier-/Kondorfeder

Der Geier wird auch »Reiniger« genannt; deshalb benutzt man seine Federn, um Verunreinigungen aus dem Körper zu treiben. Geierfedern enthalten starke Medizin und wirken sehr intensiv auf Körper, Geist und Seele des Menschen, der Reinigung benötigt. Die augenfällige Verbindung dieses Vogels mit dem Tod macht diese Federn zu mächtigen Werkzeugen, die mit Vorsicht und Respekt verwendet werden sollten.

Schwanenfeder

Schwanenfedern gelten als Kanäle der schöpferischen Energie und inspirieren poetische und musikalische Ideale. Benutzen Sie sie, um sich künstlerisch auszudrücken, oder zur Heilung von Verletzungen im Zusammenhang mit dem Selbstwertgefühl. Am Körper getragen oder über dem Bett aufgehängt, helfen Schwanenfedern, hellsichtige Fähigkeiten zu verstärken. Aufgrund ihrer starken Verbindung zum Wasser sind sie auch hervorragende Werkzeuge bei der Auflösung emotionaler Stagnierung.

Kolibrifeder

Diese Federn werden oft benutzt, um den Heilungsprozess zu bescheunigen, Schwermut zu vertreiben oder der Aura die Lebensfreude zurückzugeben. Kolibrifedern wurden schon immer als Liebestalismane benutzt und können dabei helfen, die Energien der Liebe in das Leben zu ziehen. Sie sind exzellente Werkzeuge zum Öffnen des Herzchakras, müssen aber behutsam verwendet werden, da die Kolibrimedizin sehr fragil ist. Benutzen Sie Kolibrifedern nur mit den reinsten Absichten.

Gänsefeder

Gänse sind eng mit Mythologie und Folklore verbunden. Ihre Federn helfen dem Schriftsteller im Schöpfungsprozess: Schreiben Sie mit einem Gänsekiel, um Schreibblockaden zu überwinden. Als Wasservogel besitzt die Gans viele Heilmittel für unsere emotionale Natur. Benutzen Sie Gänsefedern, um sich von emotionalen Bürden und ungewollten negativen Gefühlen zu befreien. Da Gänse Zugvögel sind, können ihre Federn Sie auch bei spirituellen Reisen unterstützen.

Straußenfeder

Die Straußenfeder hat eine uralte symbolische Bedeutung und wurde von Maat benutzt, um die Seelen der Toten zu wiegen. Es heißt, dass es das Leichtgewicht der Straußenfeder war, das sie zum Wahrheitssymbol machte. Straußenfedern sind wunderbare Werkzeuge zur Herstellung des Gleichgewichts. Weil der Strauß ein Laufvogel ist, helfen seine Federn, praktische Anwendungsmöglichkeiten für spirituelles Wissen zu finden und die Kräfte der Luft mit denen der Erde zu verbinden.

Pfauenfeder

Pfauenfedern werden oft als Meditationshilfen bei Rückführungen benutzt. Es heißt, dass das Augenmuster auf den Schwanzfedern die Hellsicht versinnbildlicht, die die Grenzen von Zeit und Raum durchdringen kann.

7

Vogelmedizin

*D*er Begriff *Vogelmedizin* mag für viele eine neue Vorstellung sein, ist aber die gängige Bezeichnung für die kulturell anerkannten spirituellen Eigenschaften der Vögel. Diese Eigenschaften werden manchmal auch als Gaben, Wissen, Führung oder Weisheit bezeichnet; aber sie alle beziehen sich auf Eigenschaften, die über die gewöhnlichen biologischen Strukturen hinausgehen.

Als Lehrer zeigen uns Vögel die Macht des Glaubens in unserem Leben. Ich verbringe Stunden damit, Vögel zu beobachten, besonders in den Sommermonaten, wenn die gesamte Natur vor Aktivität geradezu zu bersten scheint.

Vögel werben, nisten, spielen und geben uns unzählige Gelegenheiten, das Wirken der Natur direkt mitzuerleben. Zu den Vögeln, die ich am liebsten beobachte, gehören Krähen, Elstern, Seidenschwänze und Finken, weil ihr Sozialverhalten überaus komisch ist und weil sie so leicht zu entdecken sind, sowie Raubvögel, die auf dem verborgenen Atem des Universums über der Alltagswelt schweben.

Was für eine großartige Lektion für den menschlichen Geist, der sich immer um die Zukunft sorgt!

Die Informationen über die einzelnen Vögel in diesem Kapitel sind eine dynamische Mischung aus vielen kulturspezifischen Bedeutungen. Vieles, was Sie hier lesen werden, bezieht sich speziell auf die Kultur oder Gruppe, aus der sie stammen, aber einiges ist allgemeingültig und beruht auf Vorstellungen, die viele verschiedene Völker überall in der Welt hegen. Ich hoffe, dass Sie dieses Wissen als Ausgangspunkt für Ihre eigene Reise in die Vogelwelt benutzen werden. Aber die persönliche Bedeutung für Sie wird eher intuitiv als faktisch sein und letztlich immer offen für Interpretationen bleiben.

Grundsätzlich geht man davon aus, dass die spirituelle Weisheit der Vögel uns Lehren über den Flug des Geistes, die persönliche Freiheit und die Fähigkeit, das Leben aus einer höheren Perspektive zu betrachten, vermittelt. Jeder Vogel hält seine eigenen unverwechselbaren Lektionen bereit, die man vollkommen verstehen muss, bevor man eine spirituelle oder magische Beziehung mit ihm eingehen kann. Wenn Sie Ihre Arbeit mit Vögeln auf der spirituellen Ebene beginnen, sollten Sie stets daran denken, diese Erfahrung niemals zu beschleunigen. Vogeltotems wählen Menschen aus, die aus ihren Lehren Nutzen ziehen können, und zwar erst dann, wenn der Betroffene wirklich bereit für die damit verbundene Medizin ist. Einen Vogel als Totem zu haben kann eine ganz andere Erfahrung sein als die Arbeit mit Landtieren. Ich hoffe, dass Sie auf diesem Gebiet bereits einige großartige Erlebnisse hatten. Falls aber die Tiermedizin als solche ein neues Konzept für Sie ist, dann nehmen Sie sich die nötige Zeit, um ihre mächtigen, primitiven und uralten Methoden zu begreifen.

Die folgenden Beschreibungen fassen für jeden Vogel die spirituellen Glaubensmeinungen aller Kulturen zusammen, die ihn im Lauf der Geschichte (und der Vorgeschichte) verehrten. Ich habe nicht alle Vögel aufgelistet, sondern nur denjenigen die gebührende Aufmerksamkeit gewidmet, die am häufigsten in Mythologie, Literatur und Spiritualität auftauchen. Ich hoffe, dass Sie dieses Buch als Sprungbrett für eigene Forschungen und für Ihre Beziehung zur Vogelwelt benutzen werden. Die folgenden ausführlichen Beschreibungen sollen Ihnen dabei helfen, ein tieferes Verständnis für die Vögel selbst als auch für ihre uralten mythologischen und historischen Bedeutungen zu entwickeln.

Um eine engere Beziehung mit Ihrem Vogelverbündeten herzustellen, ist es außerdem hilfreich, das typische Verhalten, die Nahrung und den Lebensraum jedes Vogels zu erkunden, denn all dies trägt entscheidend zu seiner Weisheit und seinen Lehren bei.

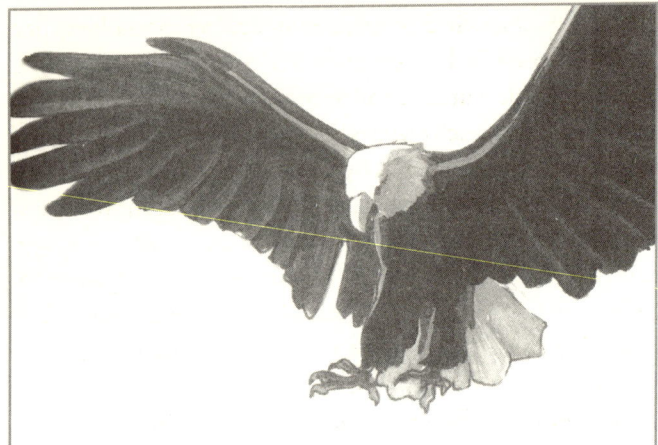

Raubvögel

Die Vögel dieser Gruppe nehmen in unserer mythologischen Geschichte einen bedeutenden Rang ein. Adler, Habicht, Falke und Eule wurden in allen Erdteilen zu Gottheiten erhoben, angebetet, nachgeahmt und gefürchtet, wie Sie anhand der folgenden detaillierten Beschreibungen erkennen werden. Als Raubvögel haben sie für diejenigen, die sie gründlich studieren, eine einzigartige Präsenz an sich und werden seit Jahrtausenden verehrt und sind als schamanistische Begleiter begehrt. Sie fesseln unsere Aufmerksamkeit auf erhabene und unbeirrte Weise und erwecken in uns ein Gefühl für erreichbare Höhen in unseren irdischen Bestrebungen.

Als spirituelle Führer können diese Vögel überaus herausfordernd und bereichernd sein. Im weiteren Sinne vermitteln sie die Lehren der Großzügigkeit, der Macht, der Furchtlosigkeit, des Aufstiegs und oft auch der Einsamkeit. Ich persönlich habe viel Freude an meiner Arbeit mit diesen Vögeln und empfinde ihre Wesenszüge als eng verwandt mit den meinen.

Raubvögel tragen die Lektionen des Todes und der natürlichen Lebenszyklen in sich. In der jungsteinzeitlichen Religion spielten Raubvögel beim Todesprozess eine wichtige Rolle. Die Menschen beerdigten ihre Toten nicht sofort, sondern legten die Leichen auf Plattformen im Freien. Dort pickten Raubvögel das Fleisch von den Knochen, was als notwendiger Schritt zur Vollendung des natürlichen Zyklus verstanden wurde. Man verehrte diese Vögel als unentbehrliche Helfer beim Übergang der Toten zum nächsten Abschnitt ihrer Seelenreise.

Wenn Ihnen ein Raubvogel als Führer erscheint, werden Sie dazu aufgefordert, Ihr Leben aus einer höheren Perspektive zu betrachten als bisher. Möglicherweise sehen Sie aus Ihrem momentanen Blickwinkel nicht genug und brauchen den Höhenflug dieser Vögel, um das Gesamtbild zu erkennen. Studieren Sie die einzigartigen Eigenschaften jedes Vogels gründlich, während Sie damit vorankommen, sich mit ihren Kräften zu verbinden, und erwägen Sie die Möglichkeit, über die vorgefassten Meinungen, die Sie von sich selbst haben, hinauszugehen.

Viele Menschen, die mit Raubvögeln arbeiten, erleben persönliche Veränderungen in verschiedenster Form – sogar Ernährungsumstellungen sind möglich. Diese Veränderungen sind in der spirituellen Arbeit mit allen Raubvogeltotems normal und signalisieren eine stärkere Einbindung ihrer Energien und natürlichen Instinkte – ein entscheidender Bestandteil ihres Wissens, der als solcher respektiert werden sollte.

Adler

Medizin:	Freiheit, Aufstieg, gesteigerte Wahrnehmung
Gattung:	Accipitridae
Nahrung:	Fische, Aas, Hasen, Waschbären, Biber, Enten, Gänse und andere Tiere
Lebensraum:	Meeresküsten, Flüsse, Seen und Ozeane

Mich persönlich besucht der Adler nicht so oft, wie ich es mir wünsche, aber wenn dieser spektakuläre Vogel dann doch einmal auftaucht, ist es unmöglich, die bevorstehenden Lektionen zu ignorieren. Der Adler erscheint mir vorzugsweise in der Traumzeit und hinterlässt Federn, die meine wandernde Seele entdecken und interpretieren soll. In einem meiner Träume musste ich auf den Gipfel eines hohen Berges steigen, um den Adler zu finden, der dort in vollkommener Macht und Einsamkeit über seinem Nest kreiste. Ebenso wie dieser großartige Vogel genieße ich ruhige Orte fernab der restlichen Welt. Er ist ein Vorbote tiefer Veränderungen der Wahrnehmung und der seelischen Entwicklung.

Als einer der größten Vögel auf Erden gilt der Adler oft als das majestätischste aller geflügelten Wesen. Einmal hatte ich die beeindruckende Erfahrung, einen Weißkopfadler zu beobachten, der im Sturzflug in den Schnee herunterschoss, um eine panische Taschenratte zu erbeuten. Wenn ich nicht mit dem Auto unterwegs gewesen wäre, hätte ich den Schluss dieses Dramas miterlebt; aber selbst der kurze Anblick des Adlers in der Wildnis war eine fantastische Erscheinung. In vielen spirituellen Traditionen verkörpert der Adler den Aufstieg und tritt oft in das Leben von Menschen, die mit neuen spirituellen Herausforderungen kämpfen oder sich in irgendeinem Zusammenhang zu neuen Höhen aufschwingen müssen.

Mit einer Flügelspannweite von über zwei Metern fliegt der Adler dicht an der Sonne, und einst glaubte man, dass er mit perfekter und unerschrockener Konzentration direkt in die starken Sonnenstrahlen blicken könnte. Der Adler benutzt seine mächtigen Schwingen, um in den Aufwinden aufzusteigen. Dadurch spart er die Energie, die er zur Nahrungsbeschaffung benötigt. Adlermedizin beinhaltet die Lektion, nach hohen Zielen zu greifen, ohne sich dabei zu verausgaben. Der Erfolg ist leicht erreichbar, wie der erhabene, scheinbar mühelose Flug des Adlers demonstriert.

Auf seiner Nahrungssuche greift der Adler manchmal andere Vögel und Tiere an, um ihnen ihre Beute zu stehlen. Menschen, die sich auf dem Weg des Adlers befinden, müssen viele Lektionen der Selbstlosigkeit lernen, um das erhöhte Ego zu bezwingen, zu dem eine so starke Medizin führt.

Der Adler ist auch der Begleiter der Visionäre, deckt aber zugleich die versteckten Risiken auf, die der Aufstieg über die Menge mit sich bringt. Er ist unnahbar und idealistisch und nistet am liebsten höher als alle anderen. Das Bedürfnis nach einem höheren Blickpunkt dominiert das Verhalten dieses Vogels, und er hält sich oft um jeden Preis von allen vom Menschen verursachten Störungen fern. Der Adler genießt ruhige Orte, die es ihm erlauben, die Welt in Frieden zu betrachten.

Adler bringen eine gewisse verborgene Rangordnung der Wildnis zum Ausdruck, über die sie unermüdlich herrschen. Menschen mit Adlerenergien haben ebenfalls das angeborene Bedürfnis, sich von allen zu distanzieren, die ihnen das Gefühl geben, ihr Wachstum nicht zu begünstigen, sodass sie auf viele Leute außerhalb des Nestes egoistisch wirken können. Diese Hierarchie hängt möglicherweise mit dem Ruf des Adlers als Sonnenvogel und seinen uralten Assoziationen mit Sonnengottheiten auf der ganzen Welt zusammen. In der keltischen Tradition ist der Adler mit dem Sonnengott Lugh verbunden, dessen Name »der Helle« bedeutet. Das Gefieder des Goldadlers symbolisiert diese Sonnenverbindungen perfekt, während die Färbung des Weißkopfadlers den Geist erdet.

Aufgrund seiner historischen Bedeutung als mächtiger Himmelsvogel wird der Adler häufig als Nationalsymbol oder Wappentier benutzt. Er gilt als Sinnbild der Freiheit, des Sieges und der unumstrittenen Macht. Für die Waliser war der Adler ein Meister des Gestaltwandelns, und weil er am höchsten fliegen und am weitesten sehen kann, ist er seit Langem einer der meistbegehrten schamanistischen Verbündeten der Welt. Das sibirische Buryat-Volk verehrt den Adler als den allerersten Schamanen, den die Götter sandten, um bei der Heilung der Menschen zu helfen. Im altgriechischen Pantheon verkörperte der Adler Zeus, den Herrscher des Himmels, der in der römischen Mythologie mit Jupiter gleichgesetzt wird. Kein Wunder, dass wir diesem Vogel als Feldzeichen der altrömischen Legionen begegnen, wo er viele große Heerführer in den Kampf begleitete. Adler repräsentierten militärische Macht und den Sieg über Feinde.

In der Mythologie und Symbolik der nordamerikanischen Indianer ist der Adler oft die wichtigste Figur. Bei vielen nordamerikanischen Indianerstämmen wurde der Adler vom Schöpfer selbst zum Herrscher und Meister der Lüfte auserwählt. Eine Adlerfeder zu erhalten gilt als die größte Ehre, denn der Adler ist besonders eng mit dem Großen Geist verbunden. Wenn Sie mit einer Adlerfeder gesegnet wurden, haben Sie wahrscheinlich eine wichtige Lektion gelernt oder eine wichtige Herausforderung bewältigt. Es herrscht auch der Glaube, dass man dem Schöpfer den größten Respekt erweist, indem man eine Adlerfeder hält oder am Körper trägt – unabhängig von dem Bild, das man sich persönlich vom Schöpfer macht.

In der Tradition der Erdmedizin repräsentiert der Adler eine mächtige spirituelle Energie. Weil dieser Vogel so hoch am Himmel schwebt, glaubt man, dass er die Stimme des Großen Geistes hört und seine Botschaften der Menschenwelt übermittelt. In der Adlermedizin geht es um den Aufstieg und die Verbindung zu höheren Ebenen. Natürlich kann uns die gesamte Vogelmedizin und -weisheit vor große Herausforderungen stellen, aber der Adler zwingt uns, den normalen Rahmen unserer Existenz zu verlassen, und verlangt, dass wir bis zur Sonne vordringen – unsere inhärente Erleuchtung und geistige Erweckung.

Symbolisch wird der Adler oft als Sinnbild für etwas Großes, Königliches und Mächtiges benutzt. In der folgenden Passage aus *Richard II* vergleicht William Shakespeare den mächtigen Adler mit dem König:

»Und doch sieht er wie ein König; seht, wie sein Auge, glänzend wie eines Adlers, herrschende Majestät um sich her blitzt.«[20]

In seiner Eigenschaft als König der Vögel bezeichnete man den Adler oft als den einzigen Gefährten der Menschenkönige. Der himmelhohe Flug des Adlers, seine herausragende Stellung und seine edle Erscheinung haben viel zu diesem königlichen Ruf beigetragen. Die Adlermedizin selbst ist ein hohes Ziel, und Menschen, die eng mit der Adlerweisheit verbunden sind, müssen oft viele Abstürze erleben, bevor sie ihre hohen Ideale endlich erreichen.

Beim Studium des Adlerfluges werden Sie feststellen, dass er nicht stracks zu seiner vollen Flughöhe aufsteigt, sondern langsam aufwärts kreist und sich darauf verlässt, dass die Strömungen des Geistes nicht abbrechen werden. Wenn der Geist des Adlers Sie ruft, rate ich Ihnen, Ihr Ego zu zügeln, denn Stolz wird Sie nicht zu den Höhen des Adlers tragen. Sie müssen Ihr Kontrollbedürfnis und den Wunsch, Ihre eigene Entwicklung zu bestimmen, loslassen, um wie dieser großartige Raubvogel in den Himmel aufsteigen zu können.

Adlermedizin verweist manchmal auch auf eine Zeit der verstärkten Wahrnehmung anderer Welten oder auf veränderte Bewusstseinszustände. Bei den wenigen Gelegenheiten, bei denen mir der Adler als Lehrer begegnete, wurden meine Träume außerordentlich lebhaft und schienen irgendwie mit meiner Realität im Wachzustand zu verschmelzen. Erforschen Sie die Geschichte der schamanistischen Trancen und Rituale bei Ihrer Arbeit mit dem Adler, um wirklich zu verstehen, wie wir diese Grenzen der Wahrnehmung überschreiten können. Mit dem Adler werden Sie ein Bewusstsein erreichen, das über den gewöhnlichen Verstand hinausgeht.

Wenn ich vom Adler träume, schwebt er gewöhnlich an irgendeinen stillen, erhabenen Ort hoch über der Menschenwelt und ist sich anscheinend neben der unseren auch einer Vielzahl anderer Wirklichkeiten bewusst. Diese Symbole und Szenen verweisen auf die Lehre des Adlers, sich über unsere normale Wahrnehmung unserer selbst und des uns umgebenden Universums zu erheben.

Führen Sie sich die oft abgesonderte Natur dieses Vogels vor Augen. Sie werden vielleicht bei Ihrer Arbeit mit dem Adler dazu aufgefordert, sich von der Menge zu trennen und sich Ihren inneren Ressourcen und Ihrer inneren Verbindung mit der Geisterwelt zu unterwerfen. Alle unsere großen Transformationen als spirituelle Wesen geschehen in der Stille der Abgeschiedenheit.

Die gesteigerte Wahrnehmung von dem Willen des Universums, über die der Adler verfügt, lehrt uns die Macht der Schöpfung. Sie müssen bereit sein, Ihre Ziele ehrlich zu verfolgen, um das zu erschaffen, was Ihren Interessen am besten dient, auch wenn diese Ziele auf den ersten Blick zu hochgesteckt oder gar unerreichbar erscheinen. Der Adler lehrt Sie, Ihre eigenen Kräfte und Fähigkeiten zur Manifestation Ihrer Sehnsüchte anzuerkennen, aber er sorgt auch dafür, dass Ihre Schöpfungen in Harmonie mit dem Geist sind und nicht lediglich Absichten des Ego-Verstandes. Diese *höhere Absicht* ist eine herausfordernde, stets gegenwärtige Lektion des Adlers, die nicht einfach zu lernen ist. Es wird von Ihnen verlangt, dass Sie in allem, was Sie tun, sagen und denken, ein hohes Maß an Integrität und aufrichtige Absichten walten lassen. Deshalb muss sich das Ego der Präsenz des Adlers unterwerfen, sonst werden Sie es in seinen Lehren nicht weit bringen.

Wer diese Medizin in sich trägt, hat oft hohe Ideale und strebt nach einem Leben mit großen Erfolgen. Wieder begegnen wir den Herausforderungen des Ego und der Notwendigkeit, nicht durch egoistische Sehnsüchte, sondern *im Geiste* aufzusteigen. Wenn unsere Ambitionen in Harmonie mit dem Universum sind, können sie uns zu großen Taten führen, die nicht nur uns selbst, sondern auch anderen helfen werden. Der Adler erinnert uns daran, dass es auf der Welt keine echten Begrenzungen gibt: Wir sind geistige Wesen und dürfen voller Leichtigkeit und in Freiheit schöpferisch sein.

Der amerikanische Dichter Langston Hughes bemerkte einmal: »Haltet an euren Träumen fest, denn ohne sie ist das Leben ein Vogel mit gebrochenen Flügeln, der nicht fliegen kann.« Dies ist das Herzstück der Adlermedizin: den Ort zu erreichen, an dem wir unsere eigene Freiheit zu fliegen verwirklichen.

Wie man sich mit der Adlermedizin verbindet

Der Adler ist ein mächtiger Vogelgeist, und es erfordert viel Geduld und Anstrengung, wenn man lernen will, sich mit seinen Energien zu verbinden. Meditationen werden Ihnen bei Ihrer Arbeit mit dem Adler eine große Hilfe sein, denn dieser Vogel lehrt die Erweiterung des Bewusstseins und die Fähigkeit, veränderte Wahrnehmungszustände zu erreichen.

Stellen Sie sich während Ihrer Meditationsarbeit vor, wie Sie aus der Sicht des Adlers kraftvoll und mit Leichtigkeit über die Erde gleiten. Stellen Sie sich vor, wie der Wind, ein ständiger Begleiter des Adlers, die starken Schwingen dieses Vogels trägt, sodass er zu immer größeren Höhen aufsteigen kann.

Auf Ihrem Weg durch die Adlermedizin wird die Macht des Geistes auch *Ihr* Begleiter sein. Seien Sie für das Universum und den allumfassenden Geist des Adlers in Ihrem Leben empfänglich, damit Sie den mühelosen Flug des Königs der Vögel vollbringen können.

Eule

Medizin:	Weissagung, Magie, Stille
Gattung:	Strigidae
Nahrung:	Fleischfresser – Fledermäuse, Vögel, Reptilien, Hasen und andere Kleintiere
Lebensraum:	Waldgebiete

(Lebensraum der Schneeeule: offene Felder, Sumpfgebiete der arktischen Tundra)

Die Eule wird immer meine Lieblingsvogelart sein, und ich hatte viele traurige und spirituelle Begegnungen mit diesem prachtvollen Raubvogel.

Das intensivste Erlebnis hatte ich nach der schwierigen Rettung einer großen Ohreule am Randstreifen einer Autobahn in Alberta. Ich dachte, der Vogel sei tot, und hielt an, um ihn besser sehen zu können. Als ich mich der Eule näherte, hob sie langsam den Kopf, sah mir in die Augen und kippte dann hintenüber, denn sie begann, das Bewusstsein zu verlieren. Ich schaffte es, sie mit meinem Pullover zuzudecken und sanft in einen Karton zu legen, den ich im Auto hatte. Die Eule litt stumm, während wir auf die Ankunft der Rettungsfahrer vom Tierschutzzentrum warteten, und für mich war es schmerzlich, eine so schöne, wilde Kreatur so hilflos vor mir liegen zu sehen. Nachdem sie untersucht worden war, erfuhr ich, dass sie bei einem Zusammenstoß mit einem Fahrzeug ein massives Kopftrauma erlitten hatte. Leider habe ich nie erfahren, ob sie überlebte und wieder in die Wildnis zurückgebracht werden konnte; aber ihre Wirkung auf mich war innig und anhaltend. Ich habe an den Autobahnen in Alberta viele große Ohreulen geborgen, und alle außer dieser einen hatten die

Wucht des Aufpralls der Autos, mit denen sie zusammenstießen, nicht überlebt. Es ist ein trauriges Schicksal, und die Zahl solcher Unfälle nimmt jährlich weltweit zu.

Die Eule ist traditionell den Geistwelten immer sehr nah gewesen, und die Verbindung zwischen Eule, Tod und Magie spielt eine große, weit verbreitete Rolle. Die Schleiereule mit ihren unheimlichen dunklen Augen, ihrem bleichen Gesicht und ihrem weißen Körper wirkt vor dem Nachthimmel besonders geisterhaft. Eulen wurden jedoch im Lauf der Weltgeschichte vom Menschen keineswegs gut behandelt. Man hat sie wegen ihrer uralten Verbindungen mit Hexen und Magie gefürchtet, und es ist den Eulen bis heute nicht gelungen, sich aus dem Schatten der vielen finsteren Eigenschaften, die man ihnen nachgesagt hat, zu befreien.

Die Eule besitzt ein ausgezeichnetes Sehvermögen mit physischen Adaptionen, was es ihr ermöglicht, sich im nächtlichen Reich hervorragend zurechtzufinden. Ihre große Hornhaut und Pupillen ermöglichen ein äußerst effizientes Auffangen und Verarbeiten von Licht. Die Netzhaut enthält eine Fülle an lichtempfindlichen Zellen, und optimal geschützt werden die Augen durch drei Augenlider. Ihre Laute sind ebenfalls erstaunlich, und sie können ein breites Spektrum an Rufen, Pfiffen, Kreischen, Surren, Schreien, Schnaufern und Zischlauten ausstoßen. Als geborene Nachtjäger haben Eulen ein hoch entwickeltes Gehör, das sie befähigt, die exakte Position ihrer Beute auszumachen. Dank dieses *richtungsorientierten* Gehörs vermögen sie Geräusche äußerst genau zu erkennen, was eine große Präzision beim Jagen erlaubt.

Wer spirituell mit der Eule arbeitet, kann normalerweise subtile Geräusche um sich herum wahrnehmen und ist für Klangfrequenzen empfänglich. Diese »Hellhörigkeit« schlägt sich in irgendeiner Form im Träger des Eulentotems nieder, zum Beispiel als konstantes Summen in den Ohren.

Weil man ihnen übernatürliche Kräfte nachsagt, wurden Eulenkörperteile oft in der Volksmedizin und in magischen Ritualen benutzt; und die Fähigkeit der Eule, im Dunkeln zu sehen, wurde zur Metapher für die Weissagungskräfte der Hexen. Interessanterweise wird das griechische Wort für Hexe, *Strix*, als Name einer Eulengattung benutzt, und das lateinische Derivat *Striga* bezeichnet sämtliche *Strigiformae*, zu der alle Eulen gehören. Aufgrund der heiligen Natur dieses Vogels in seiner Verbindung mit der Göttin, insbesondere mit ihrem Aspekt als altes Weib, lautet einer seiner vielen keltischen Namen *Cailleach oidhche* (»altes Weib« oder »Tante der Nacht«). Die Schleiereule heißt *Cailleach-oidhche gheal:* »weiße alte Frau der Nacht«. Die heilige Natur der Eule wurde schließlich von der Kirche verunglimpft, um die Menschen vom heidnischen Glauben abzubringen.

Die Eule ist ein ausgeprägter Territorialvogel und wird ihr Nest gegen jeden Eindringling brutal verteidigen. Deshalb betrachteten die alten Römer die Eule als Symbol des Sieges und des Schlachtenglücks. Sie war natürlich auch stets das Symbol Athens, eines der mächtigsten Stadtstaaten in der altgriechischen Welt. In ägyptischen Grüften hat man Überreste mumifizierter Schleiereulen gefunden, was die Verehrung dieser Vögel als spirituelle Wesen oder als Boten aus dem Jenseits bezeugt.

Im Hinduismus ist die Eule immer noch ein Symbol für kosmische Spiritualität, und die Cree-Indianer glaubten, dass der Ruf des Raufußkauzes eine Aufforderung war, in die Geisterwelt einzutreten. Die Inkas, diese fantastische altperuanische Kultur, verehrten die Eule wegen ihrer schönen Augen. Wenn ein Krieger der Oglala-Sioux-Indianer sich im Kampf besonders hervortat, durfte er als Symbol seiner Tapferkeit eine Kappe aus Eulenfedern tragen.

Als Nachtvogel durchstreift die Eule den dunklen Abend – das Reich alles Unbekannten. Sie ähnelt dem Mond, das Licht, das in der Dunkelheit scheint, und herrscht deshalb über das Reich der Mondmagie. Diese Eigenschaften sowie ihr geheimnisvoller Nachtruf und ihr hypnotischer Blick haben sie in den Verruf des Bösen gebracht. Als Nachtjäger beziehen Eulen ihre Kraft aus den Zwielichtstunden zwischen Abend- und Morgendämmerung. Traditionell sind dies die Zeiten, in denen die Geisterwelt am leichtesten zu erreichen ist, und deshalb werden viele Rituale und Beschwörungszeremonien nach Einbruch der Dunkelheit durchgeführt. Eulen finden sich in der Dunkelheit besser als alle anderen Vögel zurecht, und dies macht sie zu mächtigen Verbündeten.

Wenn Sie mit der Weisheit dieses Vogels verbunden sind, werden Sie von Natur aus einen tiefen Einblick in das menschliche Bewusstsein haben. Viele Eulenmenschen können das Unterbewusstsein anderer durchdringen und ihre wahren Absichten, Gefühle und Gedanken aufdecken. Eulenmenschen können in die »dunklen« Winkel der menschlichen Psyche sehen, so wie die Eule die Bewegungen ihrer Beute im Dunkel der Nacht erkennt.

Wenn die Eule Sie zum Schüler wählt, werden Sie anfangen, alles wahrzunehmen, was sich im Dunkeln bewegt. Das könnten versteckte Motive, Gedanken oder Emotionen sein, die in Ihnen selbst oder in anderen aus dem Licht des Bewusstseins ausgeschlossen wurden. Oder vielleicht zeigt sich eine bisher verborgene Gabe der Hellsicht und der Magie, die gefördert werden muss, wenn die Eule erscheint. Die Eule ist der Schutzgeist vieler Magier und Schamanen und verweist oft auf eine Zeit des intensiven Lernens oder Trainierens auf dem Gebiet der magischen Visionen und Manifestationen. Eulenmenschen können die normalen Grenzen von Raum und Zeit überschreiten und besitzen ein großes Talent dafür, zwischen Welten hin- und herzureisen.

Es ist nicht immer einfach, die Eule als Totem zu haben. Ich zähle die Eulenmedizin sogar zu den größten Herausforderungen überhaupt. In freier Wildbahn werden Eulen wegen ihrer nächtlichen Lebensweise und ihrer Raubtiernatur oft von kleineren Vögeln schikaniert und körperlich angegriffen. Sie stellen eine ständige Bedrohung dar und leben eigentlich außerhalb der Alltagswelt. Eulenmenschen sind meist Einzelgänger und müssen manchmal Schläge von Menschen einstecken, die kein fundiertes spirituelles Verständnis besitzen. Die meisten Menschen mit einem Raubvogeltotem erleben solche Herausforderungen, denn sie wirken mächtig und bedrohlich auf viele, die nicht nach der Ausdehnung spiritueller Wirklichkeiten streben wollen.

Eulengeistführer besuchen ihre menschlichen Begleiter oft in der Traumzeit. Hier vermittelt die Eule Weisheit durch Traum- und Bildsymbolik. Der Eulenmensch muss sich mit der Bedeutung der Archetypen, der universellen Symbolbilder, vertraut machen, um die verschlüsselten Botschaften der Eule zu verstehen. Überdies ist Symbolik das Kernstück der Magie und sollte von Eulenmenschen gründlich studiert werden.

Eulenmenschen empfinden ihre angeborene Weisheit des Universums, die in den menschlichen Angelegenheiten weder Ausdruck noch Bestätigung findet, oft als Qual. Sie verachten viele Sozialstrukturen und finden es meist schwierig, enge Beziehungen mit anderen Menschen aufrechtzuerhalten. Für viele auf die Eule ausgerichtete Menschen ist der Rückzug aus der nüchternen Welt der beste Weg zum tieferen Begreifen, und die Eule wird sie mit ihrer Medizin oft von ihren Alltagssorgen wegführen, indem sie der Seele des Eulenmenschen ein Gefühl der Enttäuschung einflößt. Dieses Gefühl der Unzufriedenheit bringt den Eulenmenschen früher oder später dazu, die verborgenen Welten immer tiefer zu erforschen. Der Geist der Eule scheint seine Seele geradezu heimzusuchen und sie ständig an die illusorische Natur des irdischen Lebens zu erinnern.

Schneeeule

Obwohl dieser Vogel weitgehend dieselbe Medizin in sich trägt wie alle anderen Eulenarten, sind einige Gaben nur der Schneeeule eigen. Als Tagesjäger lebt sie im Reich des Tages, wodurch sich ihr Machtzyklus von dem der meisten anderen Eulenarten unterscheidet.

Da die Schneeeule in den nördlichen Polargebieten beheimatet ist, hat sie eine besondere Beziehung zur Himmelsrichtung Norden und ist ein wichtiges Glied in der Nahrungskette des Ökosystems der Tundra. In der keltischen Tradition ist der Norden der Ort des Härtens, der Herausforderung, der Prüfung, der Veredelung und der Disziplin. Es ist der Ort des Kampfes, an dem wir unsere Ängste überwinden, unsere Süchte thematisieren und aus unserer emotionalen und körperlichen Sklaverei zur persönlichen Macht gelangen.

Die Schneeeule bringt Botschaften der Ältesten, und Menschen, deren Totem dieser Vogel ist, werden diese Weisheit auf irgendeine Weise zum Wohl der Welt weitergeben – meist in Form des geschriebenen Wortes.

Wie man sich mit
der Eulenmedizin verbindet

Die Erforschung der magischen Welt ist das Herzstück der Eulenlehren, und Eulen waren schon immer die wichtigsten Hüter dieses Reiches. Es wird Ihnen helfen, das Nachtreich der Eule zu erkunden. Wenn Sie nach dem Sonnenuntergang draußen sitzen, scheint die Welt ein ganz anderer Ort zu sein – vor allem wenn Sie dem Chaos des Stadtlebens fern sind. Lauschen Sie all den Geräuschen und Klängen, die Sie bisher noch nie gehört haben, und feiern Sie die Stille, die Sie umgibt. Dadurch spüren Sie die Energie der Eule am intensivsten. Man muss auch Zeit allein verbringen, um sich mit der Eule zu verbinden.

Als Einzelgängerin zieht die Eule Kraft, Weisheit und Macht aus der tröstenden Stille der Nacht.

Gehen Sie bei Ihrer Arbeit mit der Eule langsam vor, denn es ist keine Medizin, mit der man schnell fertig wird. Achten Sie darauf, während Ihrer Arbeit mit einem Eulentotem ganz ruhig zu bleiben. Sie müssen lautlos mit diesem Vogel fliegen, wenn er Ihnen seine Weisheit vermitteln soll.

Habicht/Falke

Medizin:	Einsicht, Scharfblick, Götterbote, Konzentration, Intellekt
Gattung:	Accipiditae (Habicht), Falconidae (Falke)
Nahrung:	Fleischfresser – kleine Säugetiere, Vögel, Reptilien
Lebensraum:	Wüsten, Wiesen, Nadel- und Laubwälder, Felder, Stadtgebiete (je nach Spezies)

Von allen Raubvögeln halte ich Habichte und Falken für die zugänglichsten und anpassungsfähigsten an die Menschenwelt – mit Ausnahme des Wanderfalken. Obwohl Adler und Eule in der Wildnis und als Seelenführer sehr machtvoll sind, kann es sehr schwierig sein, sie anzulocken und für sich zu gewinnen.

Habichte und Falken stehen dem menschlichen Treiben normalerweise näher und sind seit Jahrhunderten für die Falknerei abgerichtet worden. Habichte und Falken sind sehr starke und sehr mächtige Sonnenvögel, die überall auf der Welt in Mythologien gefeiert werden. Wir haben die Verehrung der Habicht- und Falkenspezies von der heiligen Religion und Kultur Altägyptens geerbt, wo viele der wichtigsten Gottheiten Falkenköpfe besaßen. Vor allem gelten sie als Sonnen- und Luftgottheiten und sind für ihre Schnelligkeit und Präzision beim Jagen berühmt. Der Wanderfalke erreicht eine Sturzfluggeschwindigkeit von 448 Kilometern pro Stunde und kann seine Beute in der Luft fangen. Als Totem lehren Habichte und Falken schnelles Handeln und raschen Fortschritt bei gleichzeitiger Konzentration auf das Ziel. Ihre Augen sind scharf, und sie werden Sie lehren, Ablenkungen zu widerstehen, um auf dem richtigen Weg zu bleiben.

Wanderfalke/Falke

Jeder Mensch, der sich aus den Fängen des eintönigen Alltagstrotts befreien muss, sollte den Wanderfalken studieren. Einst hieß es, dass er sein Nest in den Lüften baut, und mit seiner unverwechselbaren Größe und seiner Fähigkeit, Beute mitten in der Luft zu schlagen, ist er von allen Falken der Welt am höchsten entwickelt. Der Wanderfalke wird oft der große weiße Hai der Luft genannt und ist seit jeher wegen seiner Geschwindigkeit, seiner Präzision und seiner überlegenen Fähigkeiten verehrt worden. Mit seiner Sturzfluggeschwindigkeit von bis zu 448 Stundenkilometern verkörpert er Schnelligkeit wie kein anderer Vogel, und als Totemvogel steht er für schnelles Vorwärtskommen in Ihrem Leben und für intellektuelle Präzision, die das Erreichen von Zielen und das Verwirklichen von Idealen ermöglicht. Der Wanderfalke ist auch für seine geistige Klarheit berühmt, die seine Lehren als unerschöpfliches Geschenk bereichern.

Die Anfänge des Falken als spirituelles Wesen reichen sehr weit zurück. Die alten Ägypter, die sich vor fünftausend Jahren am Nil niederließen, brachten einen Falkengott mit: *Heru* oder *Horu,* der vom Wanderfalken inspiriert worden war. Er war der meistgefeierte Vogel Altägyptens und tauchte in jedem Aspekt des religiösen Lebens und der Mythologie auf. Die Ägypter glaubten, dass die Sonne sich nach dem Willen des Falken bewegte und dass es eigentlich der bereits vor Sonnenaufgang herumfliegende Falke war, der an jedem neuen Tag die Sonne hervorbrachte. Viele Falken wurden sogar mumifiziert, und zwar nach der gleichen Methode wie die wichtigen Persönlichkeiten des Reiches: Dies galt als Zeichen des höchsten Respekts.

Der Falke verkörpert viele mystische Eigenschaften. Er bewohnt abgelegene Gebiete und scheint sich von der Welt ringsherum fernzuhalten. Diese Eigenschaft wird sich bei denjenigen, die dem Pfad des Falken folgen, deutlich niederschlagen, und sie werden Rückzüge aus der Menschenwelt genießen und sogar *brauchen*, bevor sie im Sturzflug auf die Erde zurückkommen.

Falls der Wanderfalke als Lehrer zu Ihnen kommt, müssen Sie sich darauf gefasst machen, die nächste Phase Ihres persönlichen Wachstums sehr schnell zu durchlaufen. Die Ziele sind in Reichweite, aber Präzision und kühnes Handeln sind womöglich nötig, um das gewünschte Ergebnis sicherzustellen.

Eine weitere Lektion des Wanderfalken bezieht sich auf die Kontrolle. Da er sich mit hoher Geschwindigkeit bewegt, braucht der Wanderfalkenmensch große Disziplin, denn der Absturz aus solchen Höhen kann vernichtend sein. Das Wissen, *wann* man springen soll, ist genauso wichtig wie der Mut, den Sprung zu wagen. Der Wanderfalke lehrt seinen Menschenbegleiter, sich von seinen Hemmungen zu befreien und in seinem Leben energisch zu handeln. Bei dieser Weisheit geht es um Risiken und darum, den Sprung nach vorn zu wagen und die Zukunft zu begrüßen, wenn die Zeit reif ist. Aber der Wanderfalke ist nicht unvorsichtig und setzt seine enorme geistige Beweglichkeit ein, um sich seinen Weg in einer von ständigem Wandel und Ungewissheit geprägten Welt zu bahnen.

Habicht

Ich hatte das Vergnügen, auf dem Land im kanadischen Alberta, wo ich früher wohnte, jeden Tag Habichte zu beobachten. Sie hockten auf Strommasten entlang der Autobahnen und warteten darauf, dass die Taschenratten aus ihren Löchern auftauchten; und gelegentlich flogen sie sogar durch meinen Garten in der Hoffnung, einen Singvogel zu fangen, der jeden Tag die Futterstationen besuchte. Es scheint, dass sie einfach *alles* sehen können, und das macht sie zu fantastischen spirituellen Verbündeten.

Der Habicht gilt in vielen kulturellen Traditionen als Visionär und ist oft ein Totem von Menschen mit kühnen und originellen Ideen. Menschen mit dem Habichttotem besitzen ein schnelles Denkvermögen und einen scharfen Intellekt, und sie können in ihrer Umgebung die kleinsten Energiebewegungen spüren. Viele Habichttotemmenschen verfügen über große hellseherische Fähigkeiten und haben ihre innere Vision gemeistert, indem sie auf das vertrauen, was sie sehen. Ein Teil der visionären Macht des Habichttotems besteht darin, seine Kraft zu benutzen, um der Welt auf irgendeine kreative Weise zu helfen. Als Totem lehrt uns der Habicht, unsere Weitsicht zu nutzen, um Lösungen für die Probleme der

Welt zu finden. Das ist eine große Verantwortung, und falls der Habicht Sie gewählt hat, ist es für Sie an der Zeit, zum Wohl von Mutter Erde zu handeln.

Die meisten Habichte sind monogam und nehmen sich nur dann einen neuen Partner, wenn der ursprüngliche Gefährte gestorben ist. Der Habichttotemmensch besitzt einen tiefen Sinn für Loyalität und schätzt seine engen Beziehungen über alles. Als Totem ist der Habicht ebenfalls ein treuer Begleiter und Lehrer. Wenn er als Führer zu Ihnen kommt, wird er ein Leben lang bei Ihnen bleiben und seine Macht und seine Vision in allen Lebenslagen mit Ihnen teilen.

Der Rotschwanzbussard mit seinen prächtigen roten Schwanzfedern vermittelt zusätzlich die Lehre über den Umgang mit dem Aufstieg der Kundalini-Energie – der Kraft, die den Energiefluss durch den ganzen physischen Körper leitet. Erst wenn dieser Bussard seine volle Reife erreicht hat, bekommt er die roten Federn. Ebenso müssen Rotschwanzbussardmenschen einen gewissen Reifegrad erlangen, bevor sie sich das Recht verdienen, diese Macht auszuüben.

Wie man sich mit der
Falken- oder Habichtmedizin verbindet

Der Habicht und der Falke sind für ihre hervorragenden geistigen Fähigkeiten berühmt. Wenn Sie mit einem dieser beiden Vögel spirituell zu arbeiten beginnen, wird Meditation Ihre Geistesschärfe erhöhen und Ihnen eine stärkere Fokussierung und Konzentration verleihen. Beides sind sehr wichtige Eigenschaften der Habicht- und Falkenmedizin, und Sie müssen daran arbeiten, wenn Sie die gesteigerte Sichtweise dieser Vögel erhalten möchten. Aufgrund ihrer scharfen Augen sind Habichte und Falken auch hervorragende Begleiter, wenn Sie Ihre intuitiven Fähigkeiten verbessern wollen. Auch Ihre

Fähigkeit, auf Ihre inneren Visionen in der physischen Welt zu reagieren, wird sich weiterentwickeln, wenn Ihre Falken-/Habichtweisheit wächst, genauso wie Ihre Fähigkeit, dem zu vertrauen, was Sie sehen.

Wasservögel

Wasservögel beim Schwimmen zu beobachten ist ein friedlicher, meditativer Zeitvertreib. Sie scheinen sich nach dem Willen der Strömungen zu bewegen und die Macht ihrer Kräfte unter dem Wasserspiegel zu verstecken. Man könnte dies als Metapher für ihre Lehren sehen – sie sind äußerlich standhaft und ruhig, während sie im Inneren ihre Energie steuern.

Ihre spirituellen Gaben sind einzigartig, und aufgrund ihrer gleichzeitigen Beherrschung der Luft, des Wassers und der Erde waren sie immer wichtige Verbündete der Schamanen und Magier. Als Symbol dieser Einheit der Elemente galten sie in den alten heidnischen Traditionen als Träger uralter Weisheit. Weil Wasser mit intuitiver und emotionaler Energie assoziiert wird, ruft man oft Wasservögel an, wenn es um die Heilung emotionaler Ungleichgewichte geht oder zur Unterstützung bei der Erforschung des Unterbewusstseins.

Erscheint Ihnen ein Wasservogel als Totemverbündeter, dann überdenken Sie Ihr augenblickliches Gefühlsleben und fragen Sie sich, wie *Sie selbst* Ihre Zukunft durch Ihre aktuellen Emotionen und Denkprozesse beeinflussen. Vielleicht ist dies auch eine Zeit erhöhter intuitiver Empfindsamkeit und des Gewahrseins anderer Existenzebenen.

Schwan

Medizin:	Schönheit, Liebe, Hellsichtigkeit, Gelassenheit
Gattung:	Anatidae
Nahrung:	pflanzlich – Wurzeln, Stängel und Blätter der Wasserpflanzen
Lebensraum:	Süßwasser- und Flussmündungsgebiete, überflutete Felder

Als Dichterin und Autorin ist mir der Schwan als Muse sehr nah. Ich habe immer Schwanenfedern in meiner Nähe, wenn ich schreibe, und kenne viele Künstler verschiedenster Genres, die dies ebenfalls tun, um einen Hauch andersweltlicher Inspiration zu erhaschen. Es gibt einfach keinen anderen Vogel, der so viele magische Bilder hervorruft wie der Schwan, und er erfüllt die menschliche Fantasie mit Szenen voller Schönheit, Eleganz und romantischem Idealismus.

Schwäne strahlen eine andersweltliche Essenz aus, und ihre Erscheinung wirkt nahezu traumhaft. Wenn sie mühelos über die Wasseroberfläche dahingleiten, sind sie das reinste Abbild natürlicher Gelassenheit; und sie sind die größten aller Wasservögel. Der Trompetenschwan mit einer Flügelspannweite von fast zweieinhalb Metern und einem Gewicht von bis zu 15 Kilo ist schlicht und einfach beeindruckend. Aber abgesehen von ihrer offensichtlichen Schönheit sind Schwäne auch für ihre relativ lange Lebenserwartung bekannt: in der Wildnis zwanzig Jahre, in Gefangenschaft bis zu fünfzig. Sie sind außerdem monogam und können uns somit vieles über Treue und Hingabe lehren.

In vielen Kulturen wird der Schwan als Liebessymbol verehrt, und in der keltischen Überlieferung steht er für Liebeskummer und Trauer in Herzensangelegenheiten. Es ist kein Wunder, dass wir dem Schwan in der altgriechischen Mythologie als Begleiter der Aphrodite begegnen, der Göttin der romantischen und erotischen Liebe und der weiblichen Schönheit. Schwäne sind sehr geheimnisvolle Wesen und besitzen viele begehrte Energien.

Viele Hellseher haben eine enge Verbindung zum Schwan, ebenso Dichter und Schriftsteller, die für die Unterströmungen des Universums besonders empfänglich sind. Schwäne sind in der griechischen Mythologie die Vögel der Musen, und in frühen Zeiten glaubte man, dass Schwäne die Seelen der Poeten beherbergten. Shakespeare selbst wurde »der süße Schwan von Avon« genannt. Schwäne galten auch als Heimstatt der Seelen großer Musiker, und in vielen römischen Mythen nahm die Seele Apollos die Gestalt eines Schwans an.

Schwäne erscheinen häufig in der keltischen Symbolik und sind eine vertraute Erscheinung in der keltischen Ikonografie, denn sie wurden in vielen Skulpturen und rituellen Gegenständen, die bis 1500 v. Chr. zurückgehen, dargestellt. In der keltischen Überlieferung galten Schwäne als verkleidete Feen, und die Kelten zogen diesen Vogel wegen seiner andersweltlichen Eigenschaften allen anderen Vögeln vor.

Schwanengöttinnen und -feen der keltischen Traditionen waren für ihre wundervollen Stimmen und ihre Heilkräfte berühmt. Man konnte sie an den Gold- und Silberketten, die sie um den Hals trugen, von den anderen Schwänen unterscheiden. Schwäne gelten seit vielen Jahrhunderten als Weissagungsvögel, aber bei den alten Kelten scheint der Glaube an die natürlichen Kräfte dieses Vogels am stärksten gewesen zu sein. Es hieß auch, dass Schwäne die Seelen der keltischen Häuptlinge ins Jenseits trugen. Im folgenden Ausschnitt aus dem »Omen of the Swans« (Omen der Schwäne) in einer schottisch-gälischen Version zeigt sich die Pracht des Schwanensymbols und das oft idealisierte Bild dieses Vogels:

Ich hörte die süße Stimme der Schwäne an der Grenze zwischen Tag und Nacht, hoch oben rauschten kraftvolle Schwingen im Flug. Sofort stand ich still und bewegte mich nicht. Ich schaute hinauf, um zu sehen, wer den Anfang machte – die Glückskönigin, der weiße Schwan.[21]

In der indischen Folklore war es der Schwan, der das kosmische Ei auf die Gewässer legte, aus dem der höchste Gott Brahma aufstieg. Brahmas Gemahlin Saraswati, die Göttin der Weisheit, der Musik und des Lernens, ritt mit Vorliebe auf einem Schwan.[22]

Die Schamanen der Tlingit in der kanadischen Arktis hielten Schwäne für ihre Ärzte und benutzten die Füße, Hälse und Köpfe von Schwänen als Behältnisse für die rituellen Schwanendaunenfedern, die einen wichtigen Teil der Ausrüstung eines Schamanen bildeten.

In den Ritualen früherer heidnischer Traditionen unterschied sich die Rolle des Schwans oft nicht eindeutig von der der Ente oder der Gans, und die symbolischen Eigenschaften dieser drei Vögel scheinen austauschbar gewesen zu sein. In der spirituellen Symbolik haben diese drei Wasservögel viele Eigenschaften gemeinsam, insbesondere ihre Assoziation mit intuitiven Kräften und emotionaler Empfindsamkeit.

Schwanenmedizin verkörpert Eleganz, Intuition, Hellsichtigkeit und Schönheit. Da der Schwan sanft über die Wasseroberfläche gleitet, ist er mit unseren tiefen emotionalen und intuitiven Wesenszügen verbunden. Weil Wasser stark von den Kräften des Mondes beeinflusst wird, ist der Schwan zu einem mächtigen weiblichen Symbol geworden. Als Führer wird der Schwan natürlich die Kreativität und die hellseherischen Fähigkeiten derer erhöhen, die sich der uralten Weisheit dieses Vogels frei öffnen.

Schwäne besitzen auch die Fähigkeit des Gestaltwandelns, und Mythen aus aller Welt handeln davon, wie sie sich in Menschen verwandeln und wieder zurück. Viele Schamanen tragen Schwanenfedern aufgrund ihrer magischen Eigenschaften und ihrer engen Verbindung zu den geistigen Reichen. Viele andersweltliche Wesen wie Feen, Nymphen und andere Geister, die sich wünschen, die Erde in physischer Form zu besuchen, wählen die Gestalt dieses Vogels. Menschen der Schwanenmedizin werden eine einzigartige Verbindung zur geistigen Welt haben und deren Bewohnern auf vielerlei seltsame Weise begegnen. Wenn Sie ein Schwanentotem haben, werden Sie veränderte Wahrnehmungszustände erleben und eine starke Verbindung zur Unterwelt der menschlichen Psyche haben, sodass Sie ihre vielen Tiefen und Besonderheiten erforschen können.

Wie man sich mit
der Schwanenmedizin verbindet

Wasser ist ein wichtiger Aspekt der Schwanenweisheit. Wenn wir die Energie des Wassers absorbieren, verstärken sich unsere emotionalen und intuitiven Eigenschaften. Verbringen Sie mehr Zeit im Wasser, um sich mit dem Schwan enger zu verbinden: Baden Sie häufig oder verbringen Sie Zeit am Meer oder an einem See, Fluss oder Teich. Lauschen Sie den harmonischen Klängen der Gezeiten und dem sanften Fließen des Wassers über die Steine. Die Schwanenmedizin sucht nach Möglichkeiten, Emotionen auszugleichen und freizusetzen.

Für viele Menschen ist Singen eine ausgezeichnete Möglichkeit, emotionale Energien auszudrücken. Den Legenden nach singt der Schwan ein Lied (den Schwanengesang), bevor er seinen letzten Atemzug tut. Singen bringt uns in den Gleichklang mit unserer spirituellen Natur und ist eine wunderbare Methode, tiefe Gefühle zum Ausdruck zu bringen. Fast kann man schon beim bloßen Anblick dieses prachtvollen Vogels die ätherische Stimme der Seele hören. Auch das Schreiben von Gedichten ist ein emotionales Ventil. Der Schwan ist ein Vogel der Musen, er inspiriert zu großartigen Worten und poetischen Ideen. Empfänglichkeit ist eine weitere wichtige Eigenschaft der Schwanenmedizin.

Falls Sie eine Schwanenfeder besitzen, machen Sie einen Federkiel daraus, um diese Verbindung zu verstärken.

Seetaucher (Eistaucher)

Medizin: Träume, Gelassenheit, Wildnis, Alleinsein
Gattung: Gaviidae
Nahrung: Fische, Amphibien, Krustentiere
Lebensraum: verbringt die meiste Zeit auf dem Wasser

Während der Schwan romantischen Idealismus heraufbeschwört, verkörpert der Seetaucher den geheimnisvollen Abgrund, aus dem unsere Ideale gemacht sind. Oft scheint er ein einsamer Vogel zu sein, der in Frieden, Einkehr und Sanftheit über die unermesslichen Ozeane der Zeit gleitet. Der Ruf des Seetauchers gehört vielleicht zu den am leichtesten erkennbaren Klängen der Wildnis und ist geradezu unvergesslich, lockend und undurchdringlich. Der Seetaucher ruft uns ins Reich der Träume und Wünsche und erweckt die Dinge, die schlummernd unter der Oberfläche des Bewusstseins liegen. Gedanken, Begabungen, Hoffnungen und Ideale, die unentwegt nach Erfüllung drängen, sind der Zuständigkeitsbereich des Seetauchers und finden durch diesen Wasservogel ihren Ausdruck in der dreidimensionalen Wirklichkeit.

Der Seetaucher ist ein Vogel großer Einsamkeit und symbolisiert seit Langem die Wildnis schlechthin.

Von vielen Ureinwohnerstämmen wird dieser Vogel aufgrund seines Wissens um die verschiedenen irdischen und andersweltlichen Reiche tief verehrt. Wenn Sie tagträumen, ist das die Seetauchermedizin, die die Sphären Ihrer Fantasie erweitert. Obwohl die Gans und der Schwan wichtige kreative Verbündete sind, wende ich oft die Seetauchermagie an, wenn ich Kindergeschichten oder Märchen schreibe, denn der Seetaucher regt Bilder von verlorenen Reichen und Räumen an. Ich genieße die Art, wie der Geist des Seetauchers Dinge vor meinem geistigen Auge erscheinen lässt und mich mit seltsamen und wunderbaren Bildern lockt.

Seetauchermedizin verbindet uns mit der Natur und erinnert uns daran, unsere Beziehung zur Mutter Erde zu stärken und aufrechtzuerhalten. Falls der Seetaucher Ihre Aufmerksamkeit auf seine geheimnisvollen Rufe lenkt, ist es vielleicht Zeit, aus der technisch orientierten Welt zu fliehen und sich wieder mit dem Geist der Wildnis zu verbinden.

Der Seetaucher, oft auch Eistaucher genannt, fängt seine Nahrung, indem er ruhig auf der Wasseroberfläche schwimmt und dann abrupt hinabtaucht.

Menschen mit diesem Vogeltotem haben die Fähigkeit, tief in die Psyche einzudringen, um latente Kräfte, verborgene Gefühle und manchmal sogar Erinnerungen an vergangene Leben heraufzuholen. Das ist eine wunderbare Fähigkeit, die hilfreich dabei ist, alten Schmerz zu lindern und vergessene Kräfte und Fähigkeiten an die Oberfläche zu bringen. Menschen, die die Seetauchermedizin in sich tragen, haben oft lebhafte Visionen, die sie manchmal nur schwer von der gegenwärtigen Dimension unterscheiden können. Die Seetauchermedizin ist etwas ätherisch, denn sie führt das Wachbewusstsein in eine traumähnliche Welt, die es zu enträtseln und der Welt irgendwie zu zeigen gilt.

Der Seetaucher ist ein hervorragender Schwimmer, aber auf festem Boden eher unbeholfen. Das kann für Menschen mit dem Seetauchertotem zum Problem werden, denn da ihre Aufmerksamkeit der Welt der Träume und Gefühle gilt, fällt es ihnen manchmal schwer, sich im Alltag zu konzentrieren. Oft erfordert das Wiederauftauchen mehr Geschick als das Hinabtauchen in die Tiefe.

Als Tauchvogel ist der Seetaucher eng mit der Unterwasserwelt verbunden, die das Unterbewusstsein symbolisiert. Hier ist der Stoff gespeichert, aus dem die Fantasie besteht: Tagträume, Hoffnungen, geheime Wünsche, künstlerische Ideen und Märchen, die alle von Seetauchermedizin überfließen. Der Seetaucher trägt die Medizin der Schöpfung und der Imagination in sich und ist ein hilfreicher Verbündeter, wenn man bewusstes Träumen lernen möchte.

Er wird uns als Totemtier erscheinen, wenn wir verborgene Träume und Talente an die Oberfläche bringen müssen, und er wird uns ermutigen, längst verschüttete Dinge anzunehmen und auszudrücken. Wenn wir unsere tiefsten Träume vernachlässigen, werden sie uns ewig heimsuchen – dies ist der Ruf des Seetauchers.

Tauchvögel nahmen schon immer einen besonderen Platz in schamanistischen Traditionen ein, denn sie haben Kontakt zu Wesen in den unteren Regionen. Ihre Fähigkeit, in große Tiefen hinabzutauchen – bis zu 73,15 Meter –, verdanken sie ihrem massiven Knochenbau, eine Eigenschaft, die den Seetaucher einzigartig macht. Alle anderen Vögel haben hohle Knochen und können nicht annähernd so tief tauchen wie er. Der Seetaucher verbringt die meiste Zeit seines Lebens auf dem Wasser und wird deshalb oft »Regengans« genannt; und in vielen Kulturen kündigt er Regen an.

Wie man sich mit der Seetauchermedizin verbindet

Um sich mit diesem geheimnisvollen Wasservogel zu verbinden, müssen Sie Zeit an stillen, einsamen Orten verbringen. Der Seetaucher bewohnt friedliche Gewässer; und Sie sollten sich Zeit nehmen, die Magie der Stille und der Abgeschiedenheit zu verstehen, die der Seetaucher verkörpert. Erlauben Sie es Ihren Träumen, sich innerhalb dieser Stille in Ihrem Bewusstsein zu entfalten. Malen Sie sich die Erfüllung Ihrer Sehnsüchte und Herzenswünsche aus, um Ihre verborgenen

Gefühle freizusetzen. Achten Sie besonders auf Ihre Visionen und Träume. Führen Sie während Ihrer Arbeit mit diesem Vogel Tagebuch, denn Sie werden zweifellos einige interessante innere Erfahrungen machen.

Seetauchermedizin ist auch ein Ruf der Wildnis. Dieser Vogel gehört zu den beständigsten Symbolen für die Welt der Natur und die Flucht vor dem modernen Leben. Vertiefen Sie Ihre Erfahrung mit dem Seetaucher, indem Sie Ausflüge in die Natur unternehmen. Eine ideale Methode, um den friedvollen Charakter dieses Vogels zu verstehen, ist, mit einem Kanu auf einem stillen See zu fahren.

Reiher (Fischreiher)

Medizin: Selbstständigkeit, Selbstbeobachtung

Gattung: Ardeidae

Nahrung: Frösche, Hasen, kleine Vögel, Fische und andere Wassertiere

Lebensraum: Süßwasserfeuchtgebiete, Salzwassermarschen, Sümpfe, überflutete Wiesen, Ufergebiete, Seen

»Erkenne dich selbst«, die Inschrift über dem antiken Orakel von Delphi, ist die Essenz der Weisheit des Reihers. Er ist ein mächtiges Totem, trägt das Wissen um die Unabhängigkeit in sich und lehrt Selbstständigkeit. Ich hatte das Glück, in der Nähe meines Hauses auf Vancouver Island viele Fischreiher beobachten zu können. Einer hat mir sogar erlaubt, weniger als einen Meter von ihm entfernt zu sitzen, während er am Ufer stand und friedlich das Wasser betrachtete. Die Geduld, die Kraft und die Größe dieser Vögel sind gleichermaßen wundervoll.

Der Reiher ist ein uralter Vogel mit faszinierenden mythologischen Verknüpfungen. Im alten Ägypten war es der Reiher, der den mythischen Benu repräsentierte, und er galt sowohl in Ägypten als auch im alten Wales als Schöpfer des Lichts. Auch hieß es, dass dieser große Wasservogel das Wappentier der untergegangenen Stadt Atlantis gewesen sei. In der griechischen Legende war dieser Vogel dem Meeresgott Poseidon heilig, und es hieß, die Menschen von Atlantis seien seine Kinder gewesen.

Der Reiher lehrt uns, die Tiefen unserer Erfahrungen auszuloten. Aufgrund seiner klassischen Haltung auf einem Bein wurde er zum Symbol der Zufriedenheit, Kontemplation und Meditation, die im Prozess der Selbsterkenntnis allesamt entscheidend sind. Der Überlieferung der nordamerikanischen Ureinwohner zufolge kehren verstorbene Weise als Reiher auf die Erde zurück.

Der Reiher ist ein Ansitzjäger, der reglos im Wasser verharrt, bis seine Beute sich in unmittelbarer Nähe befindet. Als Geistführer lehrt er natürlich die Fähigkeit des Stillseins, bis zweckmäßiges Handeln erforderlich ist. Er ist ein Vogel des Gleichgewichts, der inneren Harmonie und der Eleganz, und seine Ausstrahlung vermittelt einen ruhigen, unprahlerischen Stolz. Er ist ein Einzelgänger, der sich lediglich zur Paarung und zur Aufzucht der Jungvögel mit seinen Artgenossen in Kolonien versammelt; Menschen mit dieser Medizin fällt es oft schwer, Langzeitbeziehungen zu führen. Sobald er aber zur Kolonie gehört, strahlt der Reiher Frieden und Zusammenarbeit aus und vermittelt diese Lektion auch den Menschen, die er als Totem besucht.

Der Reiher demonstriert seine Eigenschaften am deutlichsten, wenn er seine Einsiedlernatur ausleben und die Welt um sich herum still betrachten kann. Reiher sind die Mönche der Vogelwelt, und als solche strahlen sie eine intelligente Selbstbewusstheit aus, die die des Durchschnittsmenschen übersteigt. Menschen, die den Weg dieses Vogels gehen, sind von Natur aus sehr nachdenklich und genießen es, wenn sie sich aus den Alltagsgeschäften der Welt in die Abgeschiedenheit ihres einsamen Nestes zurückziehen können.

In der Reihermedizin geht es vor allem um Selbsterkenntnis. Sie verleiht die Fähigkeit, tief in unsere Emotionen, Handlungen und Gedanken zu spähen, um die Wahrheit dahinter zu erkennen. Reihermenschen waren dazu schon immer von Natur aus fähig. Wenn Ihnen dieser große Vogel als Totem erscheint, werden Sie dazu aufgefordert, diesmal diese wesentliche Fähigkeit zu erlernen. Der Reiher verlangt von Ihnen nicht nur, dass Sie sich in den tiefsten Tiefen Ihres Wesens kennen, sondern auch, dass Sie sich und Ihrem Pfad vertrauen, denn im Prozess der Verwandlung und Entwicklung sind Zweifel fehl am Platz.

Wie man sich mit
der Reihermedizin verbindet

Für alle, die mit dem Reihertotem arbeiten, wird die alte Praxis der Meditation eine große Hilfe sein. Sie wird es Ihnen ermöglichen, die innere Gelassenheit und Stille des Reihers zu erlangen und sich dabei mit seinen natürlichen Eigenschaften des Gleichgewichts und der Harmonie zu verbinden. Schreiben Sie während Ihrer meditativen Arbeit Ihre Gedanken, Gefühle und Offenbarungen nieder, um Ihre Fortschritte zu dokumentieren. Auch Yoga wird Ihre Arbeit mit dem Reiher unterstützen. Yoga-Stellungen fördern Fokussierung und Konzentration und bieten dadurch eine ausgezeichnete Möglichkeit, sich mit der Stille zu verbinden, die dieser großartige Vogel ausstrahlt.

Pelikan

Medizin: Selbstopfer, Hingabe
Gattung: Pelecanidae　.
Nahrung: Fische, Lurche, Krustentiere
Lebensraum: Küstengebiete, Strände, Lagunen

Ein weiterer großer, interessanter Wasservogel ist der Pelikan, der einen eindrucksvollen Schnabelsack und eine erstaunliche Flügelspannweite besitzt. Der Krauskopfpelikan, der als größter aller Pelikane gilt, hat eine Flügelspannweite von bis zu fünf Metern.

Pelikane sind hervorragende Schwimmer, weshalb sie eine kulturell bedeutungsvolle Verbindung zum Wasser haben. Der braune Pelikan ist ein Sturztaucher, der sich mit einer Geschwindigkeit von 22,2 Stundenkilometern aus der Luft ins Wasser stürzt, um seine Beute zu fangen. Diese Eigenschaft dient oft als Metapher für die Fähigkeit, verborgene Ressourcen anzuzapfen, die unterhalb der sichtbaren Bewusstseinsoberfläche liegen. Als gesellige Vögel fischen Pelikane normalerweise in Gruppen, sie sind sehr gemeinschaftsorientiert und arbeiten im Team, um ihre Mahlzeiten zu fangen. Ein wichtiger Aspekt der Medizin dieses Vogels ist die Fähigkeit, mit allen zusammenzuarbeiten, um zu überleben. Der Pelikan wird es immer vorziehen, mit jenen zu arbeiten, die stets darauf abzielen, die Welt als Ganzes positiv zu beeinflussen.

Ein Großteil der Mythologie um diesen Vogel entstammt uralten und einzigartigen Glaubenssystemen. Legenden berichten, dass der Pelikan sich die Brust verletzt, um in Zeiten der Hungersnot seine Jungen zu ernähren. Eine andere Geschichte erzählt von einem Pelikanweibchen, das seine Jungen tötete und sie dann wegen ihres furchtbaren Kummers mit dem eigenen Blut wieder zum Leben erweckte. Obwohl diese Geschichten keine reale Grundlage haben, machten sie den Pelikan zum Symbol Christi und seiner Leiden, die er auf sich nahm, um anderen Nahrung zu geben. Die Gewohnheit des Pelikans, seinen langen Schnabel auf seiner Brust ruhen zu lassen, und beim Krauskopfpelikan das Auftreten des roten Beutels zu Beginn der Paarungszeit trugen zweifellos zu den Mythologien vergangener Zeiten bei. Wenn eine Pelikanmutter Nahrung wieder auswürgt, um mit ihrem langen Schnabel ihre Jungen zu füttern, tropft dabei unweigerlich Blut auf ihre Brust, und dies ist eine weitere konkrete Erklärung für den reichen Schatz der Überlieferungen um diesen großartigen Vogel.

Es heißt, dass der Pelikan geheimnisvolle Leben spendende Kräfte besitzt, und er wird wie der Phönix mit dem alchimistischen Prozess der Wiederauferstehung assoziiert. Das Pelikanweibchen ist eine fürsorgliche Mutter und gilt aufgrund der mythologischen Vergangenheit weltweit als Symbol der Barmherzigkeit, des Mitgefühls und der Hingabe an das Wohl der anderen. Königin Elisabeth I. trug einen Anhänger mit der Abbildung eines Pelikans als Symbol ihrer selbstlosen Liebe zu ihren Untertanen. Falls der Pelikan Sie zum Schüler gewählt hat, werden Sie dazu aufgefordert, *Ihre* Hingabe zu untersuchen – an Ihre Ziele, Ihre Kinder, Ihren Partner, Ihre Religion oder an die Welt im Allgemeinen. Es ist an der Zeit, von ganzem Herzen danach zu streben, selbstlos zu geben, und einem Bereich Ihres Lebens, der bislang vernachlässigt wurde, Ihre Fürsorge zu widmen. Vielleicht macht Sie der Pelikan auch auf Ihre Hingabe an sich selbst aufmerksam. Selbstloses Geben muss stets durch das Annehmen von Nahrung (Fürsorge) ausgeglichen werden, die man zum Ausgleich von anderen empfängt, und auch durch das Annehmen der Geschenke, die uns das Universum täglich anbietet.

Zur Pelikanmedizin gehört auch die Auftriebskraft, fähig zu sein, nach dem Tauchen wieder mühelos an die Wasseroberfläche zu kommen. Dank Luftsäcken im Hals und in der Brust können diese Vögel nicht sinken. Dies ist für diejenigen, die Pelikanmedizin in sich tragen, von höchster symbolischer Bedeutung, denn es verdeutlicht die Fähigkeit, sich auch in den mühsamsten und schwierigsten Lebensumständen über Wasser halten zu können. Pelikanmedizin beinhaltet eine natürliche Unbeschwertheit, die ein lebenslanges Durchhaltevermögen ermöglicht. Im Hinblick auf die Botschaft des Pelikantotems fällt mir das Leben von Mutter Teresa oder Gandhi ein, denn sie erinnern uns daran, wie außergewöhnlich Selbstaufopferung in der Welt des Ego ist.

Nächstenliebe ist das Herzstück der Weisheit dieses Vogels, oft eine entscheidende Lektion auf dem spirituellen Pfad. Lernen, sich hinzugeben, ist in der modernen Welt eine verlorene Handfertigkeit, aber dennoch eine uralte Lehre, die durch das Verhalten des Pelikans verkörpert wird. Die Familie ist ein weiterer Aspekt dieser Weisheit. Verbringen Sie mehr Zeit mit Ihrer Familie und Ihren Freunden und schenken Sie ihnen großzügig Ihre Liebe und Aufmerksamkeit. Beobachten Sie, wie sich die Dynamik in Ihrer Familie verändert, wenn Sie einige zusätzliche schöne Stunden einkalkulieren. Vielleicht ist es an der Zeit, Ihre persönlichen Beziehungen innerhalb Ihres Heims und Ihrer Familie besser zu hegen und zu pflegen.

Wie man sich mit der Pelikanmedizin verbindet

Da der Pelikan den mitfühlenden Aspekt der menschlichen Natur symbolisiert, werden Sie Ihrerseits ebenfalls einen selbstlosen Beitrag leisten müssen, um seine Bedeutung wirklich zu verstehen. Sie müssen zwar nicht zum Märtyrer werden, um die alten Lehren dieses Vogels zu erfahren, aber das selbstlose Geben wird Ihnen helfen zu erkennen, wie außerordentlich es ist, im Einklang mit der Seele und nicht dem Ego zu handeln. Es gibt heute nur sehr wenige Menschen, die ihr ganzes Leben auf dieser Grundlage leben können. Wenn Sie die großartigen und fürsorglichen Eigenschaften des Pelikans erkennen und in Ihr Leben integrieren möchten, müssen Sie für ein gesundes Gleichgewicht zwischen der Hingabe an sich selbst und der Hingabe an die ganze Welt sorgen.

Eisvogel

Medizin: Wohlstand, neue Erfahrungen, Wendigkeit
Gattungen: Alcedinidae, Halcyonidae, Cerylidae
Nahrung: Fisch, Flusskrebse, Frösche, Insekten, Reptilien
Lebensraum: Wald- und Moorgebiete

Eisvögel sind kleine knallbunte Vögel mit großen Köpfen und langen, spitzen Schnäbeln. Sie sind geduldig, wendig und sehr schnell, wenn sie ins Wasser tauchen, und gelten seit Langem als Symbole des Wohlstands und der Fülle.

Die interessante Mythologie des Eisvogels reicht bis ins antike Griechenland zurück. Im griechischen Mythos fand Alcyone (die Tochter des Königs der Winde) ihren Gemahl ertrunken vor und stürzte sich aus Liebe ins Meer. Die Götter belohnten ihre Tat, indem sie sie in einen Eisvogel verwandelten, und ihr Vater verbot es den Winden, während der Brutzeit dieser Vögel zu wehen. Diese vierzehn Tage, sieben vor und sieben nach der Wintersonnenwende, wurden *Halcyon*-Tage genannt. Und so glaubten die Menschen der Antike, dass der Eisvogel die Macht besaß, das Meer zu besänftigen, um darauf nisten zu können.

In China heißt es, dass das farbenfrohe Gefieder des Eisvogels das Blau des Himmels und das Blaugrün der fernen Hügel zu übertreffen sucht. Die schillernden Federn des Eisvogels wurden einst von chinesischen Kunsthandwerkern zur Verzierung von Haar- und Kleidungsschmuck benutzt, zum Beispiel von Schmuckkämmen und Broschen, und dadurch wurde der Eisvogel zum Symbol der weiblichen Schönheit. Dieser Glaube könnte auch daher stammen, dass nicht das Männchen, sondern das Weibchen dieser Spezies die bunteren Federn besitzt – eine in der Vogelwelt eher untypische Eigenschaft.

Der Kookaburra (mancherorts Bergeisvogel genannt) ist der größte aller Eisvogelarten und für sein unheimliches Gelächter bekannt, das menschliches Lachen nachzuahmen scheint. Der Vogel stößt dieses Gackern in den Stunden der Morgen- und Abenddämmerung aus, um sein Gebiet abzustecken. Er ist auch ein exzellenter Taucher – aber nicht im Wasser, sondern in der Luft. Er stürzt sich rasend schnell auf seine Beute herab, die keine Chance hat, zu entkommen. Diese Fähigkeit lässt sich ganz einfach in Ihr Leben übertragen und wird Sie lehren, dem nachzujagen, was Sie sich wünschen.

Das Familienleben des Kookaburras unterscheidet sich von dem der anderen Eisvögel. Wenn die Jungen erwachsen sind, bleiben sie im Nest und helfen den Eltern bei der Aufzucht der zweiten Brut. Dieses Verhalten ist in der Natur äußerst selten und verweist auf die Lehre dieses Vogels über familiäre Eintracht und Zusammenarbeit.

Eisvögel haben sehr scharfe Augen sowohl in der Luft als auch beim Schwimmen unter Wasser, sodass sie sich in beiden Welten hervorragend zurechtfinden. Sie sind Einzelgänger und graben oft Tunnel in den Sand, die über einen Meter tief sind. Die Medizin des Eisvogels beinhaltet ein tiefes Bedürfnis nach persönlichem Freiraum und die Notwendigkeit, Zeit mit den eigenen Gedanken und Gefühlen zu verbringen.

Schnelle Taucher, die sie sind, springen Eisvögel kopfüber ins Wasser auf der Suche nach Beute. Menschen mit dem Eisvogeltotem werden auf ähnliche Weise ohne Furcht und Zögern in die Gewässer des Lebens eintauchen. Dies könnte die Lektion sein, die Ihnen das Eisvogeltotem erteilt, und zweifellos werden Sie im Leben viele neue Erfahrungen machen, die Ihnen Gelegenheit zu uneingeschränkter Forschung geben.

Wie man sich mit
der Eisvogelmedizin verbindet

Für Menschen mit dem Eisvogeltotem hat das Tauchverhalten dieses Vogels eine große symbolische Bedeutung. Aus schamanistischer Sicht repräsentiert das Tauchen aus der Luft ins Wasser die Reise des Schamanen aus den oberen Welten in die Unterwelt und wieder zurück auf die Erde.

Um sich mit den Kräften des Eisvogels zu verbinden, ist es wichtig, Zeit im und nahe am Wasser zu verbringen. So könnten Sie zum Beispiel von einem Sprungbrett in ein Schwimmbecken springen und tauchen, um diesen Vogel zu imitieren. Das ist eine wunderbare Methode, um die Tauchfertigkeiten des Eisvogels zu erleben, die sowohl für sein Überleben als auch für seine schamanistischen Eigenschaften wesentlich sind. Durch diese Übung können Sie spüren, was es bedeutet, abrupt von einem Reich ins andere überzuwechseln.

Pinguin

Medizin:	Opfer, Durchhaltevermögen, Träume
Gattung:	Spheniscidae
Nahrung:	Krill, Fische, Tintenfische
Lebensraum:	kalte arktische Gebiete

Pinguine sind wahrhaft erstaunliche Wasservögel. Ich persönlich betrachte sie als die großen Krieger der Vogelwelt, denn sie besitzen Eigenschaften, mit deren Hilfe sie Gefahren überstehen, die andere nicht einmal nachvollziehen können. In ihrem kalten, gnadenlosen Lebensraum erdulden Pinguine große Entbehrungen und sind großzügige Lehrer der Tapferkeit, der Stärke und des Hinnehmens.

Wenn ich mir meine Totems selbst aussuchen könnte, würde ich den Pinguin wählen, aufgrund dieser einmaligen Stärke, aber auch wegen seines Zusammengehörigkeitsgefühls und seiner Fähigkeit, sich ausgeglichen und gelassen durch Schwierigkeiten zu kämpfen. Bei ernsthafter spiritueller Arbeit, in der es um schwierige Lebenslektionen geht, ist der Pinguin ein wunderbarer Verbündeter.

Pinguine sind flugunfähige Wasservögel, die dem Leben im Wasser ausgezeichnet angepasst sind. Sie verbringen ihr halbes Leben im Meer und bieten dadurch machtvolle Lehren über unser emotionales Wesen und Traumbewusstsein. Der Kaiserpinguin, der größte Vertreter dieser Vogelart, wird bis zu 1,12 Meter groß. Manche prähistorische Pinguine erreichten enorme Größen, im Durchschnitt die eines erwachsenen Menschen. Der kleinste Pinguin, der kleine blaue Pinguin, wird nur 40 cm groß.

Die größeren Pinguinarten leben meist in den kälteren Klimazonen, während die kleineren die milderen Gebiete der südlichen Halbkugel bewohnen. Die rudimentären Flügel des Pinguins sind im Lauf der Evolution zu Flossen geworden. Dadurch sind sie dem Leben im Wasser ideal angepasst, das sie besser bewältigen als jede andere Vogelart.

Pinguine sind normalerweise sanfte Vögel, die eigentlich keine Angst vor Menschen haben. Weil sie nichts mit Landraubtieren zu tun haben, sind sie zutraulicher als andere Vögel, obwohl sie bei jeder Begegnung Vorsicht walten lassen und eine Distanz von etwa drei Metern zum unmittelbaren Kontakt einhalten.

Wenn Sie mit einem Pinguin als Führer arbeiten, werden Sie von Natur aus sehr vertrauensselig sein. Für manche mag dies eine notwendige Lektion sein, aber für andere, die vergessen, in sozialen Situationen Grenzen aufrechtzuerhalten, kann es auch eine Mahnung zur Vorsicht sein.

Pinguine sind überaus stimmgewaltige Vögel und haben innerhalb der großen Kolonien, in denen sie zusammenleben, ein hohes Niveau der sozialen Interaktion entwickelt. Menschen mit diesem Vogelverbündeten werden an Orten mit vielen Menschen aufblühen, wo eine einträchtige, kameradschaftliche Atmosphäre herrscht. Der Pinguin verleiht seinem menschlichen Begleiter auch die Fähigkeit, enge Verbindungen zu einem großen Freundes- und Familienkreis aufrechtzuerhalten und sich somit in den sozialen Feinheiten und Unwägbarkeiten beider Welten zurechtzufinden.

Den Menschen, die diesen Vögeln in freier Natur begegnen, erscheinen sie als wahre Wunder. Sie haben sich den härtesten Umweltbedingungen der Welt angepasst, wo viele andere nach kurzer Zeit umkämen. Dass sie bei den kältesten Temperaturen überleben können, unterstreicht eine weitere wichtige Lektion dieses Vogels: das Durchhaltevermögen.

Menschen mit einem Pinguintotem werden im Leben vielen Herausforderungen begegnen. Wir dürfen nicht vergessen, dass solche Lektionen zu uns kommen, um unser persönliches Wachstum zu fördern, und dass wir sie in Demut und Kraft annehmen müssen. Der Pinguin ist ein mächtiger Führer in den eisigen Wintern des Lebens und wird Ihnen alles schenken, was Sie in jeder Situation zum Überleben brauchen. Der Pinguin hat aus den kältesten Orten eine Zufluchtsstätte gemacht und wird Sie lehren, dies ebenfalls tun zu können.

Die schwarz-weiße Färbung ist zwar für Pinguintotemmenschen sehr symbolisch, dient aber in den Gewässern, die der Pinguin bewohnt, als Tarnung. Die natürlichen Feinde des Pinguins, der Killerwal und der Seeleopard, können schwer zwischen dem weißen Bauch des Vogels und der reflektierenden Wasseroberfläche unterscheiden. Die schwarze Färbung auf dem Rücken des Pinguins tarnt ihn dagegen vor Spähern aus der Luft. Das schwarz-weiße Gefieder repräsentiert das vollkommene Gleichgewicht sowohl zwischen Hell und Dunkel als auch zwischen Männlich und Weiblich; und in der freien Natur kümmern sich Männchen und Weibchen gemeinsam um die Eier, umsorgen zusammen hingebungsvoll ihre Jungen und sind stets bereit, diese zu verteidigen.

Wie viele andere Wasservögel sind Pinguine hervorragende Taucher und erreichen unter Wasser eine Geschwindigkeit von bis zu 27 Stundenkilometern. Sie sind beim Tauchen sehr wendig, und ihre Lektionen sind mit Träumen und Astralreisen verbunden. Sie sind Herren über die verborgenen Reiche der Unterwelt und somit auch wunderbare schamanistische Verbündete bei Geistreisen.

Menschen mit einem Pinguin-Geistführer sind oft lebhafte Träumer und können schnell in wechselnde Bewusstseinszustände gleiten, denn sie haben gelernt, viele Wirklichkeitsebenen gleichzeitig im Gleichgewicht zu halten.

Wie man sich mit
der Pinguinmedizin verbindet

Der Pinguin hat eine besondere Verbindung zum Wasser. Erforschen Sie diesen Lebensraum der Pinguine, wenn Sie sich mit ihnen und ihrer Unterwasserwelt verbinden möchten. Wenn Sie mehr Zeit im Wasser verbringen, wird dies auch Ihre Fähigkeit verstärken, zwischen der physischen Welt und der Welt des Unterbewusstseins hin- und herzuwechseln. Außerdem herrscht der Pinguin über den Bereich der Traumarbeit. Als Meister des Unterbewussten wird der Pinguin Ihnen zeigen, wie Sie sich in der Traumwelt bewegen und diese kontrollieren können. Führen Sie Tagebuch über Ihre Träume und Visionen, während Sie mit einem Pinguintotem arbeiten.

Storch

Medizin:	Fruchtbarkeit, Familiendynamik, Abstammung
Gattung:	Ciconiidae
Nahrung:	Frösche, Insekten, kleine Vögel, Eidechsen, Nagetiere
Lebensraum:	offene Felder, Moore und Feuchtgebiete

Der Storch hat eine interessante Mythologie, die in uns Assoziationen von familiärer Einheit und Fruchtbarkeit hervorruft. Wer erinnert sich nicht an die Geschichte vom Storch, der die Babys liefert, als unsere Eltern noch Hemmungen hatten, uns aufzuklären? Dies ist einer der Archetypen, die sich unserem Bewusstsein und unserer Fantasie seit Jahrzehnten eingepflanzt haben.

Der Storch ist ein Schreitvogel, ihre Größe reicht von 1,6 bis 1,27 Metern mit einer Flügelspannweite zwischen 1,75 und 1,80 Metern. Störche gelten seit Langem als Symbol der elterlichen Fürsorge, und seit Jahrhunderten beobachtet man sie in ihren Nestern, die oft in der Nähe menschlicher Wohnstätten liegen. Die Storchengattung umfasst Fischreiher, Kuhreiher, Ibisse und Löffler, die man alle aufgrund ihrer verwandten Eigenschaften und mythologischen Assoziationen näher studieren sollte.

Störche sind Symbole der Fruchtbarkeit und der Rückkehr des Frühlings und eng mit der Familie, insbesondere mit liebenden, fürsorglichen Eltern, verbunden. Die Storchenmedizin umfasst Veränderungen in der Familiendynamik und der Familienstruktur als Ganzes. Wenn der Storch als Geistführer gekommen ist, werden die Energien der Familie und Ihres Heims für Sie von höchster Wichtigkeit. Der Storch kehrt jedes Jahr zum selben Nistplatz zurück, was eine innige Treue zum Heim ausdrückt. Dieser Vogel mag eine Zeit ankündigen, in der Sie sich mit Ihren Wurzeln und der Basis Ihrer Familienstruktur in Einklang bringen sollten.

Der Storch ist zu einer stimmlichen Kommunikation nicht imstande und klappert stattdessen mit dem Schnabel und setzt Körperhaltungen und Tanz ein. Als Geistführer und Lehrer wird Ihnen der Storch zeigen, wie Sie Ihre Gedanken und Gefühle durch Ihre Handlungen ausdrücken können. Es ist eine Zeit, Ihre Wahrheit durch Ihre Handlungen zum Ausdruck zu bringen und nicht durch das, was Sie sagen. Falls Sie Kinder haben, sollte sich das in den Beispielen, die Sie Ihren Kindern geben, widerspiegeln. Der Storch verfügt über das uralte Wissen der heiligen Fruchtbarkeitstänze und erinnert uns daran, dass wir alle die Fähigkeit besitzen, unsere tiefsten Sehnsüchte tänzerisch in die Schöpfung einzubringen – eine Lektion, die wir auch in den Lehren des Rebhuhns finden.

Vielleicht müssen Sie alternative Methoden untersuchen, um Ihren Körper zu stärken, etwa durch Tanz und/oder Yoga.

Der Storch gilt gewöhnlich als Glückssymbol und verkörpert die lebenslange Verpflichtung, Familienwerte hochzuhalten. Im alten Ägypten symbolisierte der Storch das *Ba*, den einzigartigen Charakter jedes Menschen und jeder Seele. Die alte Legende, dass der Storch die Babys bringt, entstammt mehreren alten Glaubenssystemen. Möglicherweise basiert sie auf dem uralten Glauben der alten Völker, dass die Seelen der Ungeborenen in Teichen und Marschen auf ihre Geburt warten. Logischerweise wählten sie den Storch als Schreitvogel zum Überbringer der neuen Säuglinge aus den Wassern des Lebens. Eine andere Erklärung für den Mythos ist die Tatsache, dass viele Störche sehr nah an menschlichen Behausungen nisten, manchmal sogar auf Schornsteinen.

Im antiken Griechenland war der Storch mit Göttin Hera verbunden, der Beschützerin stillender Mütter, und Aristoteles berichtet, dass es als schwerwiegendes Verbrechen galt, diesen Vogel zu töten. In der Kunst wurde der Storch als Reittier des Hermes dargestellt, und man sieht ihn oft beim Töten von Schlangen. Diese Symbolik hielt sich bis in christliche Zeiten, wo der Storch als Vernichter des in Gestalt der Schlange auftretenden Bösen dargestellt wurde. In der späteren christlichen Ikonografie wird der Storch mit Frömmigkeit, Reinheit und Auferstehung assoziiert. Im Orient ist der Storch ein uraltes Sinnbild für Langlebigkeit, und für die Taoisten ist er ein Unsterblichkeitssymbol.

Wie man sich mit
der Storchenmedizin verbindet

Der Storch ist ein weiterer Vogel, der die Familienbindung fördert. Wenn Sie denen, die Sie lieben, mehr Aufmerksamkeit schenken – seien es nun Ihre Kinder, Ihre Haustiere oder Ihre Eltern –, werden Sie sich der alten Weisheit des Storches über die Wichtigkeit eines gesunden Privatlebens annähern. Die Weisheit dieses Vogels wird Sie Ihre eigene Rolle innerhalb des Familienverbandes lehren und dieses Wissen auch nach außen auf die »Weltfamilie« als Ganzes ausdehnen.

Durch die Storchenmedizin werden Ihre Fähigkeiten, der Welt fürsorglich und hingebungsvoll zu begegnen, Priorität bekommen.

Gans

Medizin:	spirituelle Reisen, Wortgewandtheit, Verbindung zur archetypischen Welt
Gattung:	Anatidae
Nahrung:	Graspflanzen, Blätter, Blumen, Stängel, Wurzeln, Samen und Beeren
Lebensraum:	Marschen, feuchte Wiesen, Teiche und Seen

Die Gans ist einer meiner Lieblingsvögel. Als ich noch in Alberta wohnte, hatte ich jedes Jahr die große Ehre, Hunderte von ihnen zu sehen, wenn sie, den Launen der Natur folgend, nach Süden zogen und wieder zurückkehrten. Ich erinnere mich an eine Kanadagans, die eines Frühlingsmorgens in meinen Garten spazierte und die Körner aufpickte, die ich für die Singvögel ausgestreut hatte – nicht gerade das, was ich erwartet hätte, aber es war trotzdem fantastisch!

Was mir an Kanadagänsen am meisten gefällt, ist ihre instinktive Wanderlust – es ist, als würde ihre Seele sie zu immer neuen und wunderbaren Abenteuern antreiben. Ihre Natur macht sie rastlos, wenn die Zeit zum Ortswechsel kommt, und diese Reaktion käme uns Menschen oft ebenfalls zugute. Die Gans lehrt das Bedürfnis, den Launen, den Sehnsüchten und der rastlosen Wanderlust des Herzens zu folgen. Wie der Eis- oder Seetaucher inspiriert die Gans zu imaginären Welten und Dingen, die erschaffen werden müssen. Sie ist der Vogel der Schriftsteller und anderer geistiger Wanderer mit ungezähmtem Herzen. Ich habe sogar zwei Gans-Gartenstatuen links und rechts neben meinem Computerschreibtisch aufgestellt, damit sie mich sanft daran erinnern, die Grenzen und Konventionen des geschriebenen Wortes zu erweitern.

Die Gans ist schlichtweg beeindruckend – die Kanadagans ist zum Beispiel 0,90 bis 1,30 Meter groß und hat eine Flügelspannweite von 1,27 bis 1,80 Metern. Sie ist eine weit verbreitete Gestalt in der Mythologie, verknüpft mit Überlieferungen und Mythen der Göttin, und war seit der Zeit Altägyptens ein matriarchalischer Archetyp.

In der Mythologie dieser Kultur gebar die Göttin Hathor die Sonne, als sie die Gestalt der Nilgans angenommen hatte, was viel später zur Geschichte von der »Gans, die goldene Eier legt« führte. Aufgrund ihrer Verbindung zum Sonnen-Ei blieb die Gans den keltischen Stämmen heilig, und noch im Mittelalter war es verboten, eine Gans mitten im Winter zu töten, weil man glaubte, dass die Gans im Frühling die Sonne zurückbrachte.

Im Junotempel von Rom wurden Gänse als heilige Vögel gehalten. Der Legende nach warnten die Gänse dieses Tempels die Römer vor dem Einfall der Gallier und retteten dadurch die Stadt. Von da an durften diese Vögel unter dem Schutz der großen Gottheit ihr Leben bis zu ihrem natürlichen Ende genießen und wurden zu Symbolen der Wachsamkeit und des Schutzes.

Die Gansmedizin verbindet uns mit den Geschichten der Vergangenheit und lehrt uns, in den vielen Fäden, die im Gewebe der Überlieferungen und Mythen die menschliche Rasse über viele Jahrhunderte und Kulturen hinweg verknüpfen, Trost zu finden. Diese Geschichten zeigen uns die archetypischen Bilder und die immerwährende Suche, die allen Menschen überall gemeinsam sind, und sie werden stets Vergangenheit, Gegenwart und Zukunft miteinander verbinden.

Kein Wunder, dass im englischen Sprachraum das Kinderbuch *Mother Goose* (Mutter Gans) zum Inbegriff der Märchenstunde wurde und dass die Bildsymbolik der Gans interessante Verknüpfungen mit früheren heidnischen Mythologien aufweist. Es gibt viele Illustrationen von *Mother Goose*, die sich auf ihre möglichen Anfänge als Vogelgöttin beziehen: etwa eine Gestalt, die halb Vogel und halb Frau ist, oder die vielen Darstellungen einer alten Frau, die auf dem Rücken einer Gans reitet. Letzteres sah man in der Welt der Antike häufig in Verbindung mit Aphrodite, Saraswati und verschiedenen anderen Vogelgottheiten.

Die Gansmedizin wirkt stark bei Schriftstellern, denn dieser Vogel schenkt die Gabe des geschriebenen Wortes und einer tiefen Wertschätzung der menschlichen Sprache. Viele Schriftsteller benutzen einen Gänsefederkiel, wenn sie Inspiration brauchen. Die Gansmedizin lehrt uns, wie wichtig es ist, uns von unserer inneren Stimme durchs Leben führen zu lassen, und erscheint denen, die die angeborene Gabe der Intuition, über die wir alle verfügen, vergessen haben.

Gänse paaren sich auf Lebenszeit, was auf einen hoch entwickelten Sinn der Loyalität und der Hingabe verweist. Bei Kanadagänsen sind die familiären Bindungen sehr stark. Die Jungen bleiben ein ganzes Jahr lang bei ihren Eltern und kehren nach ihrem ersten Winter mit ihnen zu den Nistplätzen zurück. Ein Mensch mit Gansmedizin hat einen ausgeprägten Sinn für familiäre Verpflichtungen und bleibt meist bis weit in die Erwachsenenjahre seiner Familie eng verbunden.

Gänse sind Meister in der Navigation und nutzen bei ihrer jährlichen Reise ihre ausgeprägten instinktiven Fähigkeiten. Die Kanadagans kann am Tag bis zu 995 Kilometer zurücklegen. Darum ist die Gans ein Symbol für die große Suche des spirituellen Kriegers und fordert diejenigen, die sie besucht, zu großen spirituellen Abenteuern heraus. Falls die Gans als Totem in Ihr Leben eintritt, ist dies ein Aufruf, eine Art von Reise anzutreten. Der Flug der Gans umfasst oft viele spirituelle Lektionen, die Sie zu höherer Bewusstheit antreiben werden.

Wie man sich mit der Gansmedizin verbindet

Die Gans besitzt die Macht, die vergangenen, gegenwärtigen und zukünftigen Erfahrungen, die der ganzen Menschheit gemeinsam sind, miteinander zu verbinden. Sie ist der Bote der Heldensuche und der spirituellen Reisen, die jeder auf der irdischen Ebene antreten muss. Um die Kraft dieses Vogels in Ihr Leben zu integrieren, schreiben Sie Ihre persönliche spirituelle Suche in Form einer Geschichte nieder und verknüpfen Sie dabei Ihre Erfahrungen mit denen anderer Menschen im Lauf der Weltgeschichte. Versuchen Sie, die Gemeinsamkeiten zwischen den Heldenmythen der Vergangenheit und Ihrer eigenen Lebensreise zu finden.

Wenn die Gans Ihre persönliche Medizin ist, dann ist Sprachgewandtheit Ihre Stärke. Machen Sie von ihr Gebrauch, um jene fantastischen Wirklichkeiten hervorzubringen, die die Welt seit dem Beginn der Menschheit inspiriert haben.

Flamingo

Medizin:	Gemeinschaft, Tanz, Entspannung
Gattung:	Phoenicopteriformes
Nahrung:	Salzwasserkrabben
Lebensraum:	alkalische oder salzige Seen, Mangroven-sümpfe, Priele, Sandbänke

Es ist sehr interessant, den Flamingo zu studieren oder, besser noch, ihn direkt zu beobachten. Das Beispiel des Flamingotanzes (siehe Seite 48) ist ein hervorragender Hinweis auf den Gemeinschaftssinn und den Sinn für Muße dieser Vögel und darauf, wie sie durch diesen Tanz ein Leben lang mit ihrer Gruppe verbunden bleiben. Die Tänze mögen uns etwas merkwürdig vorkommen, aber sie gehören zu den faszinierendsten Schauspielen der Welt. Flamingomedizin beinhaltet den Tanz auch als Mittel, sich mit der Lebenskraft zu verbinden und diese auszudrücken.

Was diesen Vogel noch von anderen unterscheidet, ist seine charakteristische rosarote Färbung. In der Natur entsteht diese durch das Betakarotin in der Nahrung. Fehlt dieser Stoff, wird die Farbe seines Gefieders zu reinem Weiß. Diese Fähigkeit des Farbwechsels spiegelt einige der Eigenschaften ihrer Medizin wider: die der Illusion und der Gestaltwandlung. Flamingototemmenschen eignen sich hervorragend als Schauspieler und darstellende Künstler jeder Art und sind begabt dafür, sich als etwas auszugeben, was sie nicht sind. Die rosa Farbe symbolisiert auch die Liebe, die Flamingos für ihre Gemeinschaft empfinden. Weil sie in riesigen Kolonien leben, haben sie ein ausgeprägtes Sicherheitsgefühl. Man sieht sie selten einzeln, und sie haben oft große Schwierigkeiten mit dem Alleinsein. Sie sind »Gefolgsleute« in jeder Hinsicht und werden in den Menschen, die ihre Medizin in sich tragen, ähnliche Tendenzen der Gruppenzusammengehörigkeit widerspiegeln.

Flamingos paaren sich fürs ganze Leben und sind ihren Partnern treu. Sie sind gesellig, expressiv und lehren die Menschen dieses Totems, mit den übrigen Bewohnern des Planeten harmonisch zusammenzuleben. Flamingos, und somit auch Flamingototemmenschen, blühen in Gruppen auf und verlassen sich lieber auf die Visionen der Gruppe als auf ihre eigenen unerforschten Ideen. Flamingomenschen sind ideale Teammitglieder und verpflichten sich häufig, Organisationen zu unterstützen, die der Menschheit insgesamt zugutekommen.

Die Wanderzüge des Flamingos umspannen größere Entfernungen als die der meisten anderen Vögel, und er gilt oft als Symbol der Muße. Im alten Ägypten diente der Flamingo als Vorbild der Hieroglyphe für die Farbe Rot und war ein weiteres Symbol des Sonnengottes Ra. Weil der Flamingo auch an heißen vulkanischen Seen lebt, wurde er mit dem legendären Phönix verbunden. Das Wort *Flamingo* leitet sich von *flamenco* ab, das seinerseits vom lateinischen Wort *flame* stammt. Sollte der Flamingo als Totem zu Ihnen gekommen sein, könnte es Zeit für Sie sein, sich mit der Welt im Großen und Ganzen zu verbinden. Es bedeutet, dass Sie Ihre Energien und Fähigkeiten am besten zum Wohl der Gemeinschaft einsetzen statt lediglich zum Erzielen persönlicher Erfolge. Teilen Sie das, was Sie zu bieten haben, mit dem Rest der Menschheit und werden Sie zu einem Gemeinschaftswesen, das Menschen auf bedeutungsvolle Weise zusammenbringen kann.

Wie man sich mit
der Flamingomedizin verbindet

Der Flamingo blüht in großen Gruppen auf. Er ist gemeinschaftsorientiert und unfähig, als unabhängiges Wesen zu funktionieren. Vielleicht sollten Sie kritisch untersuchen, wie Sie sich in Ihre Umgebung einbringen. Manche Menschen sind geborene Einzelgänger, aber die meisten brauchen ein gut funktionierendes soziales Netzwerk zum Überleben. Wenn Sie sich mit der Weisheit dieses Vogels verbinden wollen, dann treten Sie Organisationen bei, die es Ihnen ermöglichen, mit größeren Menschengruppen zusammenzuarbeiten. Dies wird in Ihnen den Gemeinschaftssinn hervorrufen, den das Totem Sie lehren möchte. Der Flamingo vertieft mithilfe des Tanzes die sozialen Beziehungen innerhalb der Gruppe. Vielleicht hilft es Ihnen, sich mit einer Tanzart zu beschäftigen, die das Verschmelzen und das übereinstimmende Tanzen mit anderen fördert. Dies ist immer eine bereichernde Erfahrung für alle, die mit einem Flamingoführer arbeiten.

Kranich

Medizin: Unabhängigkeit, Liebe, Treue

Gattung: Gruidae

Nahrung: Allesfresser – Krustentiere, Fische, Insekten, Pflanzen

Lebensraum: Sumpfgebiete, seichte Teiche, kleine Bäche, Feuchtgebiete

Der Kranich ist eine sehr alte Vogelart und hat dem Menschen viel Weisheit zu bieten. Trompetenkraniche bereichern den Planeten Erde schon seit etwa 3,5 Milliarden Jahren. Zur Medizin dieses Vogels gehören Lektionen der Kommunikation, Liebe, Gemeinschaft, Langlebigkeit und Unabhängigkeit. Viele alte Kulturen sahen Parallelen zwischen dem Kranich und der Menschheit; etwa die Langlebigkeit, die Neigung zu monogamen Beziehungen und den starken Sinn für Gemeinschaft und soziale Zusammengehörigkeit.

Dieser Gemeinschaftssinn des Kranichs wurde besonders in asiatischen Traditionen hochgeschätzt, wo die Menschen immer noch in größeren Familien- und Gemeinschaftsverbänden leben. Wer mit dem Kranich arbeitet, sollte vielleicht seine persönlichen Beziehungen zu seiner Umgebung untersuchen. Kranichmenschen müssen lernen, ein Teil ihrer Gemeinschaft zu werden oder sogar der Erdengemeinschaft im Ganzen und dabei trotzdem ihrer einzigartigen Sichtweise und ihren Träumen treu zu bleiben.

Weil Kraniche sich lebenslang an einen Partner binden, sind sie seit langer Zeit Symbole der Liebe und Fruchtbarkeit. Aufgrund dieser alten Symbolik zieren Kranichbilder heute noch viele asiatische Wohnstätten, und in der Feng-Shui-Tradition werden Kraniche stets als Paar zur Symbolisierung vollkommener Liebe dargestellt.

Ein beeindruckendes Verhalten des Kranichs ist der einstimmige Ruf, der es einem Paar ermöglicht, sich sowohl emotional als auch physiologisch aneinander zu binden. Dieses komplexe Duett hilft dem Paar, seine Bindung zu vertiefen, und dient außerdem anderen Kranichen gegenüber als territoriale Warnung. Jedes Kranichpaar hat einen unverwechselbaren Ruf, der sich von den Rufen aller anderen Paare unterscheidet, und dadurch können sie einander mühelos in der Wildnis erkennen. Als Totem ist der Kranich ein unübertrefflicher Lehrer der richtigen Kommunikation zwischen Paaren, egal ob es sich um Liebespaare oder andere Partnerschaften handelt. Der stimmliche Ausdruck ist ein wichtiger Aspekt in der Medizin dieses Vogels.

In der freien Natur kann ein Kranich spontan anfangen zu tanzen, was sich dann wie ein Lauffeuer in der ganzen Gruppe ausbreitet. Kraniche tanzen auch, um Spannungen auszugleichen, wenn sie verstört oder verärgert sind oder um Aggression abzuwenden, Feinde abzulenken oder ihren Besitzanspruch auf ein bestimmtes Gebiet geltend zu machen. Aber manchmal tanzen Kraniche auch aus keinem ersichtlichen Grund. Kraniche, die in Gefangenschaft leben, tanzen bei schönem Wetter, und eingesperrte Kraniche tanzen, wenn sie aus ihrem Gehege freigelassen werden. Die Schwarzhalskraniche in Zentralbhutan werden von buddhistischen Mönchen besonders verehrt. Jedes Jahr verlassen diese Vögel die tibetische Hochebene, um in Bhutan zu überwintern. Sie kehren pünktlich jedes Jahr am selben Tag zurück und fliegen bei ihrer Ankunft dreimal um das alte Gantey-Gompa-Kloster. Die Mönche ahmen dieses wundersame Verhalten nach, indem sie dreimal den Schrein umrunden, wenn sie an einem heiligen Ort ankommen.

Kraniche sind mit einer natürlichen Schönheit und Anmut gesegnet, und wir Menschen erleben ihre Tänze und Gesänge als Ausdruck der Freude, der Hingabe und der ewigen Vorfreude darauf, seinen Seelenpartner zu finden.

Bei den Ojibwa-Indianern wurden die Menschen des Kranichklans traditionell als Stammesführer verehrt. In antiken griechischen und römischen Legenden waren es die Kraniche, die durch ihre einzigartigen Flugformationen zu den Buchstaben des Alphabets inspirierten. Die alten Ägypter beteten einen mythischen Vogel namens *Benu* an, der in ihrer frühen Kulturgeschichte als Kranich dargestellt wurde. Man nimmt an, dass der legendäre Phönix von diesen frühen Darstellungen des Benu abstammt, wahrscheinlich wegen seiner Verbindung mit Osiris, dem Gott des Todes und der Wiederauferstehung in der späteren Geschichte Altägyptens. Kraniche wurden oft in Grüften und heiligen Tempeln dargestellt.

In chinesischen Legenden flogen Weisen in den Himmel, indem sie auf dem Rücken von Kranichen ritten, und ein

Weiser, der sich in einen Kranich verwandeln konnte, hatte die Unsterblichkeit erreicht. Im chinesischen Kaiserreich waren die Gewänder der hohen Beamten mit dem Bildnis des Kranichs bestickt, und Kranichstatuen flankierten den Thron des Kaisers in der verbotenen Stadt Beijing. In Japan wird der Kranich *Ehrenwerter Herr Kranich* genannt; und bei den Kelten ist er der Wächter der Anderswelt. Im klassischen Rom des fünften Jahrhunderts erklärten sowohl der Dichter Martial als auch der Senator Flavius Cassiodous, dass das ganze griechische Alphabet vom Götterboten Merkur erfunden worden war, als er den Flug der Kraniche beobachtete.

In Westschweden wurden mit Darstellungen von Kranichtänzen verzierte Steine gefunden, die ungefähr fünftausend Jahre alt sind; und Kraniche werden dort heute noch als Vorboten des Frühlings gefeiert.

Wie man sich mit der Kranichmedizin verbindet

Der Kranich ist ein Vogel der Freude und kann die inneren Rhythmen des Universums ausdrücken. Wenn Sie sich mit der uralten Weisheit dieses Vogels verbinden wollen, ist Tanzen das Allerwichtigste. Erlauben Sie es sich, Ihren persönlichen Ausdruck der Rhythmen der Natur durch Ihren Körper zu finden. Vor allem Yoga und Ballett bieten sich zu diesem Zweck an, da sie zu den flüssigsten Tanzformen zählen. So, wie der Kranich tanzt, um Spannungen loszulassen, werden auch Sie Frieden und körperliche Entspannung bei den Tanzübungen finden. Falls Sie einen schamanistischen Kranichtanz ausprobieren möchten, sehen Sie sich Videos über diese Vögel beim Tanz an und versuchen Sie, ihre heiligen Bewegungen zu imitieren.

Singvögel

Die melodischen Klänge dieser geflügelten Geschöpfe rufen in der menschlichen Seele ein ewiges Staunen hervor. Viele Spezies gehören zur Unterordnung der Singvögel, unter anderem Finken, Waldsänger, Drosseln, Ammern und Meisen. Es ist eine Freude, Vögel zwitschern und singen zu hören, aber in Wirklichkeit sind diese Klänge der Ausdruck einer ganzen Sprachwelt, die für unseren angeblich überlegenen Verstand undurchdringlich ist.

Die meisten Singvögel gelten seit der frühesten Menschheitsgeschichte als Symbole der Erneuerung und des neuen Anfangs. In jedem Frühling kehren sie nach den harten Wintermonaten als Leuchtfeuer des neuen Lebens auf die Erde zurück und verheißen die Erneuerung von Körper, Geist und Seele.

Singvögel werden aufgrund ihrer Symbolik der Fürsorglichkeit seit Langem mit den Fruchtbarkeits- und Liebesgöttinnen verknüpft. Die keltische Mondgöttin Rhiannon war überall die Beschützerin der Singvögel. Selbst heute noch gilt das Füttern der Singvögel als Zeichen der Verehrung dieser großen und mächtigen Göttin.

Singvögel sind voller Energie, sausen und wirbeln sie doch ständig in alle Richtungen. Manche, wie der Kolibri, ernähren sich vom süßen Nektar der Blumen, um vor der jahreszeitlichen Wanderung ihr Durchhaltevermögen zu stärken. Sie übermitteln Botschaften, die Freude am Gesang und am persönlichen Ausdruck und künden von der Erneuerung nach Tod und Zerfall.

Spatz

Medizin:	Selbstwertgefühl, Überleben, Entschiedenheit, Vertrauen
Gattung:	Passeridae
Nahrung:	Samen, Nüsse, Beeren, Knospen, Insekten
Lebensraum:	in der Nähe menschlicher Siedlungen, Bauernhöfe, Wälder, sehr weit verbreitet

Ich freue mich an den vielen Spatzen, die täglich meinen Garten besuchen. Wenn man sie mit genügend Futter und frischem Wasser versorgt, sind sie recht leicht zufriedenzustellen. Sie sind äußerst gesellig und sausen in großen Schwärmen herum, drängeln sich ums Vogelbad und stürzen sich in Scharen auf eine gefüllte Futterstation. Sie sind der Inbegriff der Vorstellung von der Kraft, die in großer Zahl überlegen ist, indem man als Familienverband zusammenhält.

Dennoch gilt der Spatz traditionell nicht als Vogel der Gemeinschaft, sondern der Liebe und ist im alten Griechenland als Begleiter der Aphrodite heilig. Die griechische Dichterin Sappho stellte sich in ihrer »Hymne an Aphrodite« vor, dass Spatzen den Wagen der Aphrodite zogen.

Spatzen gelten manchmal als die Romantiker der Vogelwelt, da sie ihre Partner mit Zuneigung überschütten.

Der Spatz ist ein Vogel des Überlebens, der Bestimmtheit und des Wissens um seinen Platz, den man in der Welt einnimmt. Er lehrt Selbstwertgefühl und Würde und zeigt uns, wie wir uns an unsere gegenwärtige Inkarnation auf der irdischen Ebene anpassen können. Jeder von uns hat einen bestimmten Platz in der Welt und muss seine Talente für das Allgemeinwohl entwickeln und einsetzen. Der Spatz lehrt auch diejenigen, die allzu sehr in ihre eigenen Angelegenheiten verwickelt sind, Bescheidenheit, Mitgefühl und Nächstenliebe. Im mittelalterlichen Europa wurde dieser Vogel zur Versinnbildlichung der niedrigen Klassen (der Bauern), die gegen die strenge Autorität der Reichen und Wohlhabenden machtlos waren. Häufig begegnet man auch dem Aberglauben, dass Spatzen die Seelen der Toten tragen.

Der Spatz ist ein weit verbreiteter Vogel, der sich in der Welt behauptet und sein Selbstwertgefühl durch seine Langlebigkeit und Anpassungsfähigkeit beweist. Er repräsentiert eine überschwängliche Seele, die sich ihres Daseins auf Mutter Erde erfreut. Er ist fröhlich und dramatisch, und sein Überleben hängt größtenteils von seiner Beziehung zum Menschen ab. Spatzen leben dicht bei der Menschenwelt und nutzen das Obdach, die Nahrung und das Wasser, die Vogelfreunde überall mit ihren gefiederten Freunden teilen. Spatzen sind sehr gesellige Vögel und nehmen jede Gelegenheit wahr, sich an der Gesellschaft ihrer Artgenossen zu erfreuen und sogar an der des Menschen.

Im letzten Herbst hatte ich eine Begegnung mit einem Spatz, der anscheinend von seinem Schwarm getrennt worden war oder ihn verloren hatte. Der kleine Haussspatz hockte stur auf dem Parkplatz einer Autohandlung, unverletzt, aber in großer Gefahr, überfahren zu werden. Nach einer abenteuerlichen Rettungsaktion gelang es mir, den Vogel zu mir nach Hause zu bringen, als ein schlimmer Sturm ausbrach. Der Vogel lehnte es ab, in der großen Kiefer draußen in meinem Garten den Sturm abzuwarten, sondern bestand darauf, mit mir drinnen zu bleiben. Er saß auf meiner Schulter, fraß Samen aus meiner Hand, putzte sein Gefieder und vergrub sich in meinem Haar. Nach dem Sturm näherte er sich vorsichtig dem Baum, behielt mich aber genau im Auge. Jedes Mal, wenn er mich nach draußen kommen sah, flog er zu mir, hockte sich auf meine Schulter oder setzte sich in mein Haar.

Die Gewohnheit der Spatzen, sich in menschlicher Nähe aufzuhalten, ist eine gute Überlebenstaktik, denn viele natürliche Feinde der Spatzen wagen sich nicht in die Nähe menschlicher Siedlungen.

Der Spatz ist ein Glückspilz, und Spatzenmenschen wissen, wie sie das bekommen, was sie brauchen. Nicht etwa durch übermäßig harte Arbeit, sondern durch ein angeborenes Vertrauen darauf, dass das, was sie brauchen, immer in ihrer Reichweite liegt. Der Spatz weiß, dass er dem Universum vertrauen kann, denn es wird immer für ihn sorgen. Dies ist eine der wichtigsten Lektionen für Menschen mit diesem Totem: darauf zu vertrauen, dass sich am Ende alles zum Guten wenden *wird*.

Wie man sich mit
der Spatzenmedizin verbindet

Zur Spatzenmedizin gehört das Anerkennen des eigenen Selbstwerts. Arbeiten Sie daran, selbstbewusster zu werden und Ihre Selbstsicherheit der Welt gegenüber auch auszudrücken. Dazu können Dinge gehören, die Ihr Wohlbefinden fördern, wie zum Beispiel sich eine Massage zu gönnen oder sich etwas Nettes zu kaufen. Mangelnde Selbstliebe begünstigt immer nur Lebenserfahrungen, die diesen negativen Zustand reflektieren. Man sagt, dass wir niemandem wirkliche Liebe schenken können, wenn wir uns nicht zuerst selbst lieben. Sie müssen sich unbedingt an Ihre natürliche Fähigkeit erinnern, die reichen Geschenke des Universums zu empfangen und Freude am einfachen Leben zu empfinden. Wenn Sie die »Geschenke« des Universums annehmen, dann vergessen Sie aber nicht, wie viel Freude es macht, das, was man hat, mit denen zu teilen, die man liebt.

Die Nachtigall

Medizin:	Poesie, Gesang, Liebe
Gattung:	Muscicapidae
Nahrung:	Insekten
Lebensraum:	Wälder

Die Nachtigall wird als Vogel des lieblichen Sinnierens von Dichtern seit Jahrhunderten hochgeschätzt. John Keats nannte sie »leicht beschwingte Dryas des Waldes«[23], und sie gilt seit Langem als Muse der Liebe und der Macht der Poesie über das menschliche Herz. Der Gesang der Nachtigall fällt uns besonders auf, weil sie einer der wenigen Vögel ist, die nachts singen. Die Nachtigall erfüllt die Stille der Nacht mit ihrem betörenden Flöten und Trillern, das auf das menschliche Ohr genauso verzaubernd wirkt wie die geheimnisvollen nächtlichen Rufe der Eule.

Der Ruf der Nachtigall als mystische, poetische Sängerin hält sich bis in die moderne Zeit. Sie ist ein Symbol der Wortgewandtheit, der Inspiration und des dichterischen Genies und vermittelt diese Qualitäten auch dem Menschen, der sich nach ihrer Weisheit ausrichtet. Sie gilt als Poet im wahrsten Sinn des Wortes, und ihr Gesang verkörpert die Gedanken und Gefühle der Liebe in ihrer ganzen Tiefe.

Der angelsächsische Begriff *Nightingale* bedeutet »Nachtsängerin«, und die Spanier nannten diesen Vogel einst *Ruiseñor* (»König« oder »Herr«). Obwohl einst das Weibchen für die Sängerin gehalten wurde, ist es in Wirklichkeit das Männchen, das singt (was bei vielen Singvögeln der Fall ist).

Die Nachtigall ist der Bote der Liebe und des anbrechenden neuen Tages. Wenn die Nachtigall als Totem zu Ihnen fliegt, werden Sie dazu aufgefordert, das Lied Ihres Herzens zu singen, um Ihren ureigenen persönlichen Ausdruck und Ihre Wahrheit freizusetzen. Mit ihr erscheinen Inspiration und Kreativität. Sie wird manchmal als scheuer Vogel beschrieben, und diese Eigenschaft wird sich wahrscheinlich auch in Nachtigallenmenschen finden.

Der Gesang der Nachtigall im Mondlicht verknüpft sie mit den Mondzyklen und damit auch mit den archetypischen weiblichen Energien und der Mondmagie. Sie war jedoch auch mit den Gottheiten Adonis und Attis verbunden und ein Bestandteil ihrer magischen Riten der antiken Welt. Zur Nachtigallenweisheit gehört es, sein Herz der Nacht zu öffnen, und sie inspiriert zu frohem Gesang, einfach aus Liebe zum Singen.

Wie man sich mit der Nachtigallenmedizin verbindet

Die Nachtigall ist die Muse der dichterischen Inspiration. Schreiben kann ein sehr läuternder Prozess sein, der Gedanken und Emotionen aus Ihrem Unterbewusstsein fließen lässt. Wenn Sie mit der Nachtigall als Totem arbeiten oder sich einfach stärker mit der uralten Kunst der Dichter verbinden möchten, wird es Ihre Erfahrungen mit der Weisheit dieses Vogels vertiefen, Poesie zu studieren und sich Ihren eigenen dichterischen Stil zu erarbeiten.

Als weiterer Vogel, der die Medizin des Singens fördert, ist die Nachtigall eine ausgezeichnete Lehrerin der Methoden zur Reinigung des Halses durch die Kraft des Gesangs. Auch Ihre Stimme ist stärker, als Sie glauben. Die Nachtigall wird Ihnen zeigen, wie Sie sie nutzen können, um das, was in Ihrem Herzen liegt, kundzutun.

Meise (amerikanische Meise oder Chickadee)

Medizin: Tapferkeit, Kühnheit, Wahrheit, Einheit

Gattung: Paridae

Nahrung: Insekten, Samen, Beeren

Lebensraum: Misch- oder Laubwälder, menschliche Siedlungen

Ich muss zugeben, dass ich eine etwas unfaire Vorliebe für die Chickadee-Meise habe. Für mich personifizieren diese Vögel die einfache Schönheit, und es macht mir riesigen Spaß, sie in der Wildnis zu beobachten. Sie fressen sehr gern Samen und Donats und singen einander den ganzen Tag ihre Melodien vor.

Weil sie in Nordamerika beheimatet sind, gibt es nur sehr wenige mythologische Hintergründe für diesen kühnen kleinen Vogel. Aber für die Ureinwohnerstämme Nordamerikas war die Chickadee-Meise ein sehr wichtiger Vogel und gilt immer noch als Symbol der Tapferkeit und Kühnheit.

Die Tscherokesen glauben, dass ein Mensch mit einem Chickadeetotem nicht lügt, denn dieser Vogel gilt als Inbegriff der Wahrheit. Chickadee-Meisen sind mutige und neugierige kleine Vögel und versetzen Leute oft in Erstaunen, indem sie dicht bei Menschen, manchmal sogar *auf* Menschen, oder gar auf Katzen landen! Sie scheinen eine natürliche Fähigkeit zu haben, wirkliche Gefahren zu erkennen, was ihnen ein dazugehörendes Verständnis für die Wahrheit hinter jeder Situation verleiht.

Wie die Chickadee-Meise selbst müssen die Menschen, die mit der Weisheit dieses Vogels arbeiten, ihr Leben furchtlos annehmen und zwischen *echten* Herausforderungen und vermeintlichen Gefahren unterscheiden.

Wenn eine Chickadee-Meise von einem größeren Vogel bedroht wird, verteidigt sie sich und ihr Territorium furchtlos. Obwohl dieser Vogel sehr klein ist, trägt er eine mächtige Medizin in sich. Er ist sehr neugierig und somit oft der erste Vogel, der an einer neuen Futterstation erscheint und die neue Umgebung und ihre Sicherheit überprüft. In den Wintermonaten schließt sich die Chickadee-Meise Schwärmen an, die aus vielen anderen Vogelarten bestehen, zum Beispiel aus Drosseln, Spechten und Kleibern. Diese Schwärme verlassen sich darauf, dass die Chickadee-Meise sie auf gute Nahrungsquellen aufmerksam macht, die dann allen zugutekommen. Die Chickadee-Meisenmedizin ist mit einer starken Loyalität zu einer bunt gemischten Gemeinschaft verbunden.

Wenn die Chickadee-Meise als Totem zu Ihnen geflogen kommt, ist es Zeit, Ihre Welt, Ihre Träume und sich selbst ohne Zögern zu untersuchen. Wenn die kleine Chickadee-Meise einem großen Raubvogel die Stirn bieten kann, dann können auch Sie Ihre zähesten Hemmungen in Angriff nehmen und sich durch die Welt bewegen, ohne sich von echten oder scheinbaren Gefahren entmutigen zu lassen. Seien Sie bereit, immer und überall Ihre Wahrheit auszudrücken, und erinnern Sie die anderen in Ihrem »Schwarm« daran, dies ebenfalls zu tun.

Wie man sich mit
der Chickadee-Meisenmedizin verbindet

Kühn wie die Chickadee-Meise zu sein bedeutet, seinen Ängsten die Stirn zu bieten. Schreiben Sie eine Liste aller Dinge auf, die Sie nicht tun können, weil Ihre Ängste Sie daran hindern. Übernehmen Sie die Fähigkeiten der Chickadee-Meise und finden Sie einen Weg, alles auszuführen, was auf Ihrer Liste steht, auch die winzigste Kleinigkeit. Die Chickadee-

Meise trägt auch die Energie des Erforschens in sich. Vielleicht ist die Zeit gekommen, ein bisschen abenteuerlustiger zu werden und Orte zu erkunden, die Sie noch nie aufgesucht haben – auch in Ihrer unmittelbaren Nachbarschaft. Essen Sie in einem neuen Restaurant oder kaufen Sie in neuen Läden ein, um sich mit der Neugier der Chickadee-Meise zu verbinden. Teilen Sie anderen mit, was Sie auf Ihren Ausflügen entdeckt haben, so wie die Chickadee-Meise, die ihren Schwarm auf neue Nahrungsquellen aufmerksam macht.

Fink

Medizin:	die Kraft des Gesangs und der Stimme, neue Gelegenheiten
Gattung:	Fringillidae
Nahrung:	Samen, Insekten
Lebensraum:	Kiefern- und Lorbeerwälder, Dünen, Obstplantagen, Parks und Gärten

Zur Familie der Finken zählen einige der beliebtesten Singvögel auf dem Planeten. Kanarienvögel, Goldfinken, Fichtenzeisige und viele andere Favoriten gehören dieser großen Familie an. Sie sind generell fröhliche, musikalische und gesellige Vögel, und es ist ein Vergnügen, ihnen zuzusehen und zuzuhören. Diese Vögel signalisieren den Eintritt einer hohen Energieebene in Ihr Leben und bringen Ihnen die Hoffnung auf Aufregung und Freude. Aufgrund ihres spontanen Wesens und des schillernd gefärbten Gefieders vieler verschiedener Vertreter dieser Familie sehen amerikanische Ureinwohnerstämme den Finken als Vorboten kommender Feiern und Festlichkeiten.

Die Finkenfamilie ist sehr vielfältig und drückt ein Bedürfnis nach Abwechslung im Leben aus. Wenn ein Finkentotem in Ihr Leben tritt, werden Sie dazu aufgefordert, neue Wege zum Erfolg, zur Freude und zur Zufriedenheit zu finden. Vielleicht ist Ihre Perspektive im Moment zu begrenzt, sodass Sie Gelegenheiten übersehen, die in anderen Richtungen liegen.

Der Kanarienvogel, ein beliebtes Mitglied der Finkenfamilie, ist sehr sensibel für die ihn umgebende Atmosphäre. Kanarienvögel sterben schnell, wenn sie in die Nähe giftiger Gase oder anderer starker Giftstoffe kommen. Zechenarbeiter nahmen früher Kanarienvögel in Käfigen mit in die Minen, um gefährliche Giftgaskonzentrationen in den Tunneln aufzuspüren. Menschen mit Kanarienmedizin reagieren ebenfalls sensibel auf die Energien um sie herum, und es verstört sie, wenn sie Negativität oder Unreinheiten ausgesetzt sind.

Wie man sich mit
der Finkenmedizin verbindet

Der Fink ist eine sehr vielfältige Spezies und bewohnt große Flächen des Planeten. Menschen mit Finkenmedizin sollten die vielen verschiedenen Kulturen der Erde erforschen und viel reisen, falls ihre Finanzen das erlauben. Ein erfülltes, abwechslungsreiches Sozialleben ist ebenfalls eine ausgezeichnete Methode, sich mit der Energie der Finkenfamilie zu verbinden. Probieren Sie neue und aufregende Aktivitäten aus, die bisher außerhalb Ihrer normalen Grenzen lagen, und genießen Sie die neuen Erfahrungen und die Menschen, die Ihnen dabei begegnen. Bei Menschen mit dem Finkentotem ist außerdem die Farbtherapie sehr wirksam. Umgeben Sie sich mit Blumen oder tragen Sie bunte Kleidung. Beides erhöht die Energie und wird Ihnen ein tiefes Verständnis für den Geist der Finkenweisheit vermitteln.

Zaunkönig

Medizin: Bescheidenheit, List, Aktivität
Gattung: Troglodytidae
Nahrung: Insekten
Lebensraum: von spärlich bewaldeten Gebieten
bis zu Regenwäldern

Der Zaunkönig wird seit Jahrhunderten »König der Vögel« genannt. Der Grund für diesen hohen Rang entstammt einer alten Legende, die erzählt, wie der Zaunkönig einem Adler durch seine List die Herrschaft über alle geflügelten Wesen abgewann. Der gälischen Version zufolge versammelten sich alle Vögel nur ein einziges Mal, um zu bestimmen, wer ihr König werden sollte. Sie einigten sich auf einen Flugwettbewerb: Der Vogel, der am höchsten flog, sollte den noblen Titel erhalten. Der Adler flog natürlich am höchsten und erklärte sich dreimal zum König. Aber der Zaunkönig, als kleiner, listiger Vogel, hatte sich im Daunengefieder des Adlers versteckt, tauchte im richtigen Moment auf und flog dadurch höher als der Adler. Deshalb wurde dem Zaunkönig der Titel »König der Vögel« verliehen, und noch heute ist er ein viel bewunderter Vogel.

Diese Geschichte enthält eine wichtige Botschaft für Menschen mit dem Zaunkönigtotem. Genau wie der kleine Vogel nur mithilfe des Adlers die höchsten Höhen erreichen konnte, müssen auch wir als Schüler des Universums uns manchmal auf die Weisheit und Kraft anderer verlassen, um unsere höchsten Ideale zu erreichen und uns spirituell weiterzuentwickeln. Vielleicht ist es Zeit, dass Sie nach jemandem suchen, der weiser ist als Sie, bevor Sie fortfahren, damit auch Sie zu den Höhen emporfliegen können. In der Zaunkönigmedizin geht es darum, Ihre Ressourcen zu benutzen, um Ihre Ziele zu erreichen; und manchmal bedeutet dies, nach Ressourcen zu suchen, die außerhalb Ihrer selbst liegen.

Der Zaunkönig symbolisiert in vielen alten Kulturen Weisheit und Göttlichkeit, und die Kelten verehrten ihn als heiligsten aller Vögel. Er wurde *Drui-en* oder *Druidenvogel* genannt, und die Druiden selbst benutzten ihn zur Weissagung. Das walisische Wort *Dryw* bedeutet sowohl Druide als auch Zaunkönig und verweist auf die uralte Verbindung zwischen beiden. In der keltischen Tradition galt der Druide als listiger Mann, der unter einem Mantel der Unsichtbarkeit durch die Welt wandern konnte, ebenso wie es der Zaunkönig in der alten Überlieferung tat.

Ein Zaunkönigtotem unterstützt die lautlosen Fortschritte in Richtung Erfolg und Errungenschaften.

Der Zaunkönig ist einfallsreich und kühn. Als Totem rät er uns, jeden Tag unseres Lebens Forschritte zu machen und nach ständiger Weiterbewegung zu streben. Er ist ein aktiver kleiner Vogel und ein wahrer Meister im Vogelzug. Diese Eigenschaften des Zaunkönigs erwecken die Fähigkeit, in den ständigen Veränderungen und Wechselfällen des Lebens geerdet zu bleiben.

Wie man sich mit der Zaunkönigmedizin verbindet

Der Zaunkönig kann Sie lehren, Ihren Verstand zu benutzen, um das Beste aus Ihrer Situation zu machen. Die Geschichte von Zaunkönig und Adler zeigt, dass wir unser Ziel manchmal am besten erreichen, wenn wir statt unserer physischen Kraft unsere Intelligenz einsetzen. Der Zaunkönig ist schlau und wird Ihnen als Totemführer die Fähigkeiten des Geistes zeigen – und auch die Möglichkeiten, wie Sie nötigenfalls andere überlisten können. Nutzen Sie Ihre Ressourcen und nehmen Sie Ihr Schicksal selbst in die Hand wie der kleine Zaunkönig.

Lerche

Medizin: das Geheimnis des Klangs, heiliger Gesang
Gattung: Alaudidae
Nahrung: Insekten und Samen
Lebensraum: offenes Gelände, nistet oft auf dem Boden

Die Lerche ist ein kleiner bis mittelgroßer Sperlingsvogel und in der Weltmythologie und -literatur berühmt für ihren grandiosen Gesang. Shakespeare schrieb einmal: »*Hark! Hark! The lark at heaven's gate sings*« (»Horch! Lerch am Himmelstor singt hell«), um dem extravaganten und melodischen Gesang dieses kleinen Vogels seinen Tribut zu zollen. Die Flugvorführungen der Lerche sind sehr dramatisch, sodass diese Vögel sowohl Meister im Klang als auch in der Zurschaustellung sind. Im Mittelalter glaubte man, dass die Lerche am Himmelstor sang. Zusammen mit der Nachtigall und dem Waldsänger gilt die Lerche seit Langem als Vogel der Poeten, und oft wurde sie »Vorbote der Morgendämmerung« und sogar »Zentrum der Ewigkeit« genannt.

Für die alten Alchimisten war die Lerche ein Symbol der Sublimierung. Sublimierung verweist auf den Prozess, Energie von ihrem direkten Ziel abzuziehen und stattdessen auf ein Ziel einer höheren Ebene zu richten, oder auf den Prozess der Reinigung und Veredelung von etwas Bestehendem.

Die Lerche lehrt die Fähigkeit des Singens als Ausdruck unserer inneren Freude und unserer Ziele und als Verbindung mit unserem ursprünglichen Lebensquell. Wenn die Lerche Ihren Weg kreuzt, sind Sie von den Geheimnissen der Musik, des Klangs und der Macht der Stimme umgeben. Die schamanistischen Aspekte des heiligen Gesangs werden in Ihrem Leben eine große Rolle spielen, wenn Sie die Geheimnisse und die Wissenschaft der Harmonie erlernen.

Manche amerikanische Ureinwohnerstämme glauben, dass das Erscheinen einer Lerche eine Zeit der inneren Reisen ankündigt, aber im Gegensatz zu den herausfordernden Suchen, die Vögel wie Adler und Eule an Sie herantragen, wird dies eine freudige Entdeckungsreise sein. Die Lerche verweist auf eine Zeit der Einsicht in Ihr eigentliches Wesen und auf die Notwendigkeit, Ihr eigenes heiliges Lied zu finden, das den Kern Ihres wahren Selbst ausdrückt. Sie wird Ihre Intuition stärken, Ihnen einen Sinn für Harmonie vermitteln und Ihnen helfen, sich selbst und Ihre Welt anzunehmen.

Wie man sich mit
der Lerchenmedizin verbindet

Haben Sie jemals ein Musikstück gehört, das im perfekten Einklang mit Ihrem Leben zu sein schien? Mein Leben scheint zum Beispiel zu den Werken Vivaldis, Chopins oder Bachs zu tanzen. Manche Musikstücke scheinen wirklich die Essenz dessen, was ich bin und fühle, einzufangen. Dies ist die Macht der Musik: Sie spiegelt unser essenzielles spirituelles Wesen auf der Erde wider. Wenn wir unsere Stimme dazu benutzen, über unser Leben zu *singen*, kann sich dies stark darauf auswirken, wie wir unser Leben führen. Achten Sie auf die Verbindungen zwischen Musik und Ihrem Leben und finden Sie dann heraus, wie Sie beides auf bedeutsame Weise miteinander vereinigen können.

Seidenschwanz

Medizin: Veränderung annehmen, Identität, Illusion
Gattung: Bombycillidae
Nahrung: Früchte
Lebensraum: Waldgebiete, Bauernhöfe, Obstplantagen

Seidenschwänze sind schöne Vögel, die sich durch ihr weiches, seidiges Gefieder auszeichnen. Ihre Gesichter sind »maskiert«, was ihrem Aussehen eine geheimnisvolle Anziehungskraft verleiht und sie zu Totems der Identität und der Illusion macht. Ich hatte das Glück, einen ganzen Schwarm Zedernseidenschwänze beobachten zu können, als sie die Beerenbüsche entdeckten, die mein Haus in Alberta umgeben. Ihr Aussehen ist geradezu fantastisch – sie sehen aus wie lebendig gewordene Gemälde. Wenn Ihnen ein Seidenschwanztotem erscheint, ist es Zeit, Ihre Identität in der Welt zu festigen. Sie müssen untersuchen, welche Maske Sie tragen und der Welt zuwenden, und dann herausfinden, ob sie wirklich dem entspricht, was Sie zu sein glauben.

Seidenschwänze sind Obstfanatiker und schieben ihre Paarung so lange hinaus, bis ihre Lieblingsfrüchte reichlich vorhanden sind. Und tatsächlich besteht ein Teil ihres Paarungsrituals darin, einander als Zeichen der Zuneigung Obst zu schenken. Symbolisch gesehen, verweist dieses Verhalten auf eine tief verwurzelte Liebe zu aller Süße des Lebens und verrät viel über die Vorlieben der Menschen mit dem Seidenschwanztotem.

Der Seidenschwanz lehrt uns auch, zeremonielle Masken zu benutzen, um uns mit spirituellen Energien und Kräften zu verbinden. Masken dienen als Transformationsmittel und werden überall auf der Welt von Schamanen verwendet, um sich zeitweilig in ein anderes Wesen zu verwandeln. Vielleicht ist es nun Zeit für Sie, einige dieser uralten rituellen Praktiken anzuwenden, um Ihren gegenwärtigen Bewusstseinszustand zu erweitern. Transformation ist entscheidend für den Selbstverwirklichungsprozess, und der Seidenschwanz hilft uns, von einer Maske in die andere zu schlüpfen und dabei trotzdem unsere Verankerung mit der Erde nicht zu verlieren.

Wie man sich mit
der Seidenschwanzmedizin verbindet

Der Seidenschwanz ist ein Meister in der Persona. Dieser fantastische Vogel wird Sie die Macht der persönlichen Identität und der verschiedenen Masken lehren, die wir für verschiedene Menschen aufsetzen. Um sich mit seiner Weisheit zu verbinden, sollten Sie unterschiedliche zeremonielle Masken für sich selbst anfertigen. Stellen Sie sich vor, dass sich mit jeder neuen Maske, die Sie aufsetzen, Ihre gesamte Persönlichkeit wandelt, und machen Sie sich ihr Vermögen bewusst, dabei einen Teil Ihres inneren Seins zu verändern. Diese Übung wird Ihnen helfen, sowohl die flüchtige Natur der physischen Persona als auch die oft illusorischen Eindrücke, die wir von uns selbst und anderen haben, zu erkennen.

Spottdrossel

Medizin:	Reflexion, Stimme, gehört statt gesehen zu werden
Gattung:	Mimidae
Nahrung:	Insekten, Beeren, Samen
Lebensraum:	auf dem Land, landwirtschaftliche Gebiete

Die Spottdrossel erhielt ihren Namen aufgrund ihrer Fähigkeit, Klänge, die sie hört, nachzuahmen. Dieser Vogel imitiert die Rufe anderer Vögel und sogar die Töne von Autoalarmanlagen, solange diese kurz sind und sich ständig wiederholen. Spottdrosseln singen am lautesten in der Dämmerung, wenn die Sonne tief am Horizont steht. Wie andere Singvögel scheinen auch sie die Morgendämmerung zu begrüßen, sodass sie als Vorboten des Morgens gelten. Nördliche Spottdrosseln singen auch bei Vollmond und haben somit eine tiefe Verbindung zu den Rhythmen und Zyklen der Natur.

Spottdrosseln sind aggressive Vögel, und wenn sie sich bedroht fühlen, greifen sie bekanntermaßen Haustiere wie Katzen und Hunde und manchmal sogar Menschen an.

Als Geistführer können uns Spottdrosseln beibringen, uns von Menschen fernzuhalten, die unser Wohlbefinden und unsere Zufriedenheit bedrohen. Wir alle müssen manchmal aggressiv sein, um die Grenzen unseres persönlichen Freiraums zu schützen.

Die Spottdrossel lehrt uns eine wertvolle Lektion über die Nachahmung. Was wir in unserem Leben nachmachen, spiegelt sich in unseren Erfahrungen wider, wodurch wir erkennen können, wer wir wirklich sind und was wir zu sein anstreben. Manchmal ist dies eine schwierige Lektion, denn oft entdecken wir, dass wir Dinge oder Wesen imitieren, die unserer wahren Natur und unserer eigentlichen Sehnsucht entgegengesetzt sind.

In einer weiteren Lektion der Spottdrossel geht es um die Stimme und darum, was wir der Welt sagen. Die Spottdrossel sieht sehr schlicht aus, ist aber überaus stimmgewaltig. Menschen mit dem Spottdrosseltotem sehen nach außen hin nicht so eindrucksvoll aus wie der Papagei oder der Pfau, aber ihre Stärke liegt in den Botschaften, die sie mit ihren Worten aussenden.

Wie man sich mit
der Spottdrosselmedizin verbindet

Ihre Stimme ist ein mächtiges Ausdrucksmittel. Die Spottdrossel kann Sie lehren, Ihre Stimme zu benutzen, um Ihre
Wirklichkeit zu beeinflussen. Alles, was wir sagen, durchläuft
als Schwingung das Universum und kehrt dann als greifbare
Erfahrung zu uns zurück. Haben wir dies gelernt, sind wir
besser dazu gerüstet, unser Leben in die eigene Hand zu nehmen. Arbeiten Sie mit der Spottdrossel, um dieses uralte
Gesetz besser zu verstehen. Das Rezitieren von Mantras oder
Affirmationen wird Ihre Stimme stärken und sie zu einem
wirksameren Werkzeug Ihrer spirituellen Fortschritte machen.

Drossel

Medizin:	Liebe, Poesie, Gesang
Gattung:	Turdidae
Nahrung:	hauptsächlich Insekten, aber auch Würmer, Schnecken und Früchte
Lebensraum:	Waldgebiete

Dieser scheue Vogel ist so klein wie ein Spatz und bevorzugt
hoch gelegene Orte. Mitglieder der Drosselfamilie, besonders
die Bicknell-Drosseln, favorisieren bergige Gebiete mit ihrem
kühlen, feuchten Klima. Sie sind schwer zu finden, und ihre
Gewohnheiten gelten als geheimnisvoll. Der Rotkehlhüttensänger und das Rotkehlchen gehören ebenso wie die Amsel
zur Drosselfamilie. Wenn wir diese Vögel näher betrachten,
können wir eine tiefere Einsicht in die Bedeutung der ganzen
Drosselfamilie gewinnen.

Die Drossel gilt als Vogel der Hingabe, der Fruchtbarkeit, des Friedens, der Fülle und der Jugend. Sie ist das Totem der Schriftsteller, Sänger, Poeten und Liedermacher – eine Verbindung, die bis zu dem griechischen Dichter Homer zurückreicht, der eine Drossel in einem Käfig geschenkt bekam, nachdem er ein wunderschönes Gedicht rezitiert hatte. Die Drossel hilft uns dabei, uns an die uralte Sprache der Liebe, des Vertrauens und der Einfühlsamkeit zu erinnern. Ihre Medizin lehrt uns, die Ängste loszuwerden, die uns daran hindern, anderen unser Herz zu öffnen.

Wie man sich mit der Drosselmedizin verbindet

Da auch dieser Vogel mit den literarischen Künsten verknüpft ist, wird Ihnen das Schreiben von Liedern und Gedichten dabei helfen, die Essenz der Drossel als Totem zu begreifen. Ihre Weisheit fördert eine tiefe Heilung des Herzens und erlaubt es Ihnen, Liebe in Ihrem Leben zu empfangen. Eine wunderbare Methode, um sich mit diesem Vogel zu verbinden, ist die Meditation des Herzchakras. Erlauben Sie es Ihrem Herzzentrum, sich zu öffnen und für Liebe und Fülle in all ihren vielfältigen Formen empfänglich zu sein.

Rotkehlchen

Medizin:	Wachstum, neue Anfänge, Fruchtbarkeit
Gattung:	Turdidae
Nahrung:	Weichtiere, Früchte, Beeren
Lebensraum:	Waldgebiete, offene Felder, menschliche Siedlungen

Rotkehlchen sind für viele ein willkommener Anblick nach einem langen, kalten Winter. Sie erscheinen als Vorboten des Frühlings und hüpfen oft über unsere Rasen auf der Suche nach den Leckerbissen, die das Tauwetter bringt. Das amerikanische Rotkehlchen ist ein Wandersingvogel und gehört der Waldsängerfamilie an. Rotkehlchen sind meistens am Tag aktiv und schließen sich nachts zu großen Schwärmen zusammen. Das Männchen singt ein kompliziertes und schönes Lied, und aufgrund seiner typischen Art, über den Rasen zu hüpfen und zwischendurch immer wieder anzuhalten, ist es besonders leicht zu erkennen.

Rotkehlchen waren den irischen und englischen Heiden heilig, und alte Legenden berichten, dass die Feen Angst vor ihnen hatten und ihre Gestalt nicht annehmen konnten. In der nordischen Mythologie wurden Rotkehlchen »Sturmwolkenvögel« genannt und galten als heilige Vögel des Gottes Thor. Beim Volk der Tlingit in Nordamerika war das Rotkehlchen ein kultureller Held, der vom Raben erschaffen worden war, um die Menschen mit seinem Gesang zu erfreuen. In den meisten Kulturen verehrt man es als lebensfrohen Vogel und Glücksbringer, und es ist ein klassisches Symbol für die Wiederkehr des Frühlings.

Als Totem lehrt das Rotkehlchen uns die Fähigkeit, ein neues Leben anzunehmen. Das fällt vielen Menschen sehr schwer, denn der erste Schritt ist das Loslassen des bisherigen Lebens. Wenn Sie mit der Macht des Rotkehlchens verbunden sind, werden Sie mit Leichtigkeit und größerer Anpassungsfähigkeit die Veränderungen des Lebens angehen und zulassen, dass der Frühling *Ihres* Lebens in voller Blüte eintritt. Das Rotkehlchen ist ein machtvolles Symbol für die Frühlingstagundnachtgleiche und die heiligen Kräfte im Zusammenhang mit dieser alljährlichen Feier. Wenn Ihnen ein Rotkehlchen als Totem erscheint, ist es Zeit für Sie, Ihren

Blick nach vorn zu richten und ein neues Leben zu beginnen. Manchmal muss man gewisse Dinge loslassen, bevor neues Wachstum einsetzen kann. Als Vorbote der Veränderung wird das Rotkehlchen Ihnen die Kraft geben, das Licht des neuen Tages mit Freude und Frieden im Herzen anzunehmen.

Wie man sich mit der Rotkehlchenmedizin verbindet

Das Rotkehlchen ist der Vorbote des Frühlings und der Erneuerung des Lebens nach der langen Winterzeit. Wenn Sie mit dem Rotkehlchen arbeiten, ist es äußerst wichtig, dass Sie sich während der Frühlings- und Sommermonate intensiv mit Pflanzen und Blumen befassen. Sich mit diesem Vogel zu verbinden heißt, sich mit den Energien der Erneuerung der Erde zu verbinden. Wenn Sie die Welt, erneut in voller Blüte, betrachten, wird Sie dies der Botschaft des Rotkehlchens von den natürlichen Zyklen des Todes und des neuen Lebens näherbringen. Falls Sie sich mit ritueller Magie auskennen und sich damit wohlfühlen, feiern Sie ein Ritual der Frühlingstag-undnachtgleiche, um die Ankunft des Frühlings festlich zu begehen. Diese Feier sollte ein symbolisches »Verschenken« von Dingen beinhalten, die nicht in das neue Leben passen, das Sie mit dem Anbruch dieses Zyklus herbeirufen.

Hüttensänger

Medizin:	Glück, Freude, Sanftheit, Zufriedenheit
Gattung:	Turdidae
Nahrung:	Insekten
Lebensraum:	offenes Gelände

Falls Sie jemals einen Berg-Hüttensänger gesehen haben, können Sie bestätigen, wie eindrucksvoll seine Färbung ist. Einmal flog mir ein kleiner Hüttensänger vors Auto und blitzte so hell, dass ich einen Moment brauchte, um zu erkennen, was das war. Als Mitglied der Waldsängerfamilie ist der Hüttensänger seit Langem ein beliebtes Symbol des Glücks und der Zufriedenheit. Dieser kleine Vogel erinnert uns daran, dass wir uns nicht allzu sehr im Alltag verlieren sollten und nicht vergessen dürfen, uns Zeit für Vergnügen und Wohlbefinden zu nehmen. Er ist ein Symbol der Fröhlichkeit, der Freude, der Häuslichkeit und des Heims sowie neuer Geburten.

Um den Hüttensänger rankt sich auf der ganzen Welt eine umfangreiche Mythologie, und er gilt in vielen Kulturen als heiliger Vogel. Die Navaho-Indianer singen ein Hüttensängerlied, um alle Stammesmitglieder jeden Morgen bei Sonnenaufgang zu wecken und sie daran zu erinnern, die Sonne zu begrüßen.

Die Mythologie eines anderen nordamerikanischen Indianerstammes erzählt, dass der Hüttensänger der erstgeborene Sohn der Sonne war. In der magischen Symbolik verkörpern Hüttensänger die positiven Aspekte der Zuversicht und die negativen Aspekte des Egoismus. Aufgrund ihrer vorwiegend blauen Färbung sind diese Vögel eng mit den Himmelsenergien verknüpft. Ihre Federn werden benutzt, um Regen herbeizurufen, und manchmal gelten Hüttensänger auch als Symbole für Schnee und Eis.

Menschen mit einem Hüttensängertotem strahlen Sanftheit und Friedlichkeit aus. Sie behaupten sich nur in Situationen, in denen sie bedroht werden, und sind mit den einfachsten Dingen des Lebens zufrieden und glücklich.

Die Hüttensängermedizin lehrt uns, in Frieden zu leben; und die Lehren dieses kleinen Vogels erinnern an die Stille und Ruhe des Sonnenaufgangs. Es ist ein großer Segen, Hüttensängermedizin zu empfangen, und man sollte sie mit großer Sorgfalt und tiefem Respekt annehmen.

Wie man sich mit
der Hüttensängermedizin verbindet

Der Hüttensänger gehört zu den friedlichsten Vögeln überhaupt und hat eine mächtige Botschaft für alle, die er zu führen wählt. Um sich mit diesem Vogel zu verbinden, müssen Sie lernen, Ihr Leben aus einem Zustand der inneren Ruhe und Freude zu führen. Ich glaube, dass viele in buddhistischer Tradition geübte Menschen Hüttensängermedizin in sich tragen. Dieser kleine Vogel ist frei von allen Belangen des Ego und lehrt Sie, auf dem Weg des Friedens zu wandeln.

Erforschen Sie alte Meditationstechniken, um sich mit dem Hüttensänger zu verbinden, und versuchen Sie, sich von den Sorgen der Welt zu befreien.

Schwarzdrossel

Medizin:	Verzauberung, innerer Ruf
Gattungen:	Turdidae, Icteridae
Nahrung:	Allesfresser – Insekten, Würmer, Beeren, Samen
Lebensraum:	Waldgebiete, am liebsten mit dichtem Unterholz

Die Schwarzdrossel hat tiefe und uralte Verbindungen zu den Kräften des Singens. Sie galt als Vogel Rhiannons und wurde in der keltischen Überlieferung als Torhüter der Anderswelt und des Feenreiches verehrt. Einst hieß es, dass Schwarzdrosseln ihr schwarzes Gefieder ablegen, wenn sie in der Anderswelt sind, und zu »Regenbogenvögeln« werden. Sie sind Vögel der Mystik, der Magie und der Verzauberung und verweisen auf eine Zeit der tieferen Einsicht in die Naturkräfte in unserem Leben.

Es heißt, dass der hypnotische Gesang der Schwarzdrossel das Wachbewusstsein einlullt und somit den übersinnlichen Geist wachruft. Sie lädt uns dazu ein, in die Geheimnisse einzutreten und diese zu erforschen und einem tieferen, spirituelleren Pfad zu folgen, der unser Bewusstsein erweitern und unsere Wahrnehmungsfähigkeit verstärken wird. Menschen mit Schwarzdrosselmedizin haben oft die Fähigkeit, andere Menschen durch Klänge zu heilen.

Der Rotschulterstärling, meine Lieblingsschwarzdrossel, hat wegen der schwarzen, roten, und gelben Färbung seines Gefieders eine besondere symbolische Bedeutung. Ted Andrews erklärt, dass dieser Vogel eine Verbindung zur Binah-Ebene im kabbalistischen Lebensbaum hat.[24] Diese Ebene wird mit der Dunklen Mutter und somit mit den ursprünglichen weiblichen Energien der Natur assoziiert.

Die Schwarzdrossel trägt die Weisheit der Lebenskraft und der Urkräfte der Erde in sich. Halten Sie nach der Manifestation dieser uralten Energien in Ihrem Leben Ausschau und lassen Sie sich die mystischen Energien um Sie herum zufließen. Mit dem Schwarzdrosseltotem werden Sie den Zauber der Natur erleben – einer Welt, die immer magisch und wunderschön und ewig lebendig ist.

Wie man sich mit der Schwarzdrosselmedizin verbindet

Wenn Sie Schwarzdrosseln in Ihren Garten locken, werden Sie lernen, ihre uralte Mystik besser zu verstehen. Das Lied des Rotschulterstärlings ist ganz besonders beruhigend und geheimnisvoll und wird Ihre Augen für die Welt der Naturmagie öffnen. Vor allem werden Sie bemerken, dass das Lied der Schwarzdrossel auf fast unheimliche Art in der Ferne nachhallt, als würde es den Schleier unserer Wirklichkeit durchdringen. Sie werden immer wissen, wann ein solcher Vogel Ihren Garten besucht.

Benutzen Sie Ihre eigene Stimme, um die mystischen Energien des Gesangs zu lenken. Dies ist auch eine hervorragende Möglichkeit, um sich Ihr innerstes Wesen zunutze zu machen, das unter der Oberfläche Ihres Wachbewusstseins liegt.

Star

Medizin:	Anpassungsfähigkeit
Gattung:	Sturnidae
Nahrung:	Insekten
Lebensraum:	Stadtgebiete, Vororte, landwirtschaftliche Gebiete, Spiel- und Sportplätze, Golfplätze

Der Star verkörpert die Wichtigkeit der raschen Anpassung an eine neue Umgebung und die Notwendigkeit, neue Fähigkeiten zu entwickeln und sich an verschiedenste Lebensweisen zu gewöhnen. Er gilt als Totem der Migranten und Gastarbeiter, Landstreicher, Touristen und der Menschen, die berufsbedingt oft umziehen müssen. Starmenschen lernen neue Sitten und Sprachen und die traditionellen Weisen anderer Kulturen sehr schnell. Die Anpassungsfähigkeit liegt in ihrer Natur.

Der Star ist ein weiterer gemeinschaftsorientierter Vogel, dessen Stärke in der zahlenmäßigen Größe seines Schwarms liegt.

Wenn ein größerer Vogel einen Star anzugreifen versucht, fällt der ganze Schwarm über den Eindringling her und verscheucht ihn. Trotz seiner geringen Größe ist der Star ein stolzer und zuversichtlicher Vogel, der weiß, dass er sich im Notfall auf seinen Schwarm verlassen kann. Oft ist er das Totem von Menschen, die für eine gute Sache kämpfen und die ganze Gruppe verteidigen, wenn sie herausgefordert werden.

Der Star lebt mit Vorliebe in städtischen Gebieten, wo es eine Fülle von Nahrung und Nistmöglichkeiten gibt. Dies spiegelt seine Fähigkeit wider, sich überall anpassen zu können; und auch große Menschenmengen machen ihm nichts aus. Der Star hat ein interessantes Paarungsritual und benutzt Schmuck, zum Beispiel Blumen oder grüne Gegenstände, um einen Partner anzulocken. Dies zeigt sich in der Neigung der Starmenschen, aus jeder Umgebung ein Heim zu machen. Der Star ist gesellig, liebt große Gruppen und kann notfalls auch grob werden.

Menschen mit einem Startotem finden sich überall, wo Gruppendynamik ins Spiel kommt. Für Starmenschen besteht die höchste Priorität darin, sich der Menge anzupassen und Teil der betriebsamen Gemeinschaft zu werden. Wenn Ihnen der Star als Lehrer erscheint, müssen Sie lernen, sich sozial anzupassen. Dieser Vogel erscheint oft in Zeiten der Veränderung, um beim darauf folgenden Anpassungsprozess zu helfen.

Wie man sich mit
der Starmedizin verbindet

Der Star führt die Weisheit der Anpassung an jede Situation, die einem begegnen mag, mit sich. Sie können Ihre Verbindung mit diesem Vogel stärken, indem Sie mit neuen und interessanten Menschen in den verschiedensten Umgebungen Kontakte knüpfen. Wie die Finken können auch Stare fast überall leben und gedeihen. In der Natur ist dies eine sehr wichtige Fähigkeit, und in der modernen Welt der globalen Kommunikation ist sie sicher ein großer Vorteil für jeden.

Wenn Sie Ihr Zuhause behaglicher einrichten und mit Dingen gestalten, die Ihre persönliche Note unterstreichen, wird die soziale Energie sich in Ihrem Heim erhöhen und größere Aktivität und Einheit begünstigen. Pflegen Sie Kontakte bei sich zu Hause, um sich mit dem sozialen Zusammengehörigkeitsgefühl des Stars zu verbinden.

Schwalbe/Hausschwalbe

Medizin: Perspektive, Objektivität

Gattung: Hirundinidae

Nahrung: Insekten

Lebensraum: Wiesen, offene Waldgebiete, Marschen, Savannen, Mangroven, Buschland

Die Schwalbe gehört zu den Vorboten des Sommers und scheint dem warmen Wetter überallhin zu folgen. Sie war einer der heiligen Vögel der ägyptischen Muttergöttin Isis sowie der Aphrodite und ihres römischen Äquivalents, der Venus. Im alten Rom glaubte man, dass die Schwalbe die jungen, unschuldigen Seelen derer verkörpert, die bei ihrer Geburt starben.

Viele Legenden berichten von der Schwalbe als dem Vogel, der das Feuer aus dem Himmel holte. In der Überlieferung der nordamerikanischen Ureinwohner trug die Schwalbe das Feuer der Sonne in ihren Schwanzfedern, die deshalb rot gefärbt sind.

Während des Alten Reiches in Ägypten war die Schwalbe (*Menet*) ein Symbol der Sterne und somit auch der unsterblichen Seelen der Verstorbenen. Schwalben saßen auf dem Bug von Ras Boot. In der Beschwörung Nr. 1216 der *Pyramidentexte* beschreibt der Pharao, wie er zu der »großen Insel inmitten des Feldes der Opfergaben ging, wo die Schwalbengötter landen, die Schwalben der unvergänglichen Sterne«.

Im *Totenbuch* wird in Kapitel 86 den Toten erklärt, wie sie sich in Schwalben verwandeln können. Im Mittelalter glaubte man, dass die Schwalbe einen magischen Stein oder ein magisches Kraut kannte, das Menschen ihr verlorenes Augenlicht wieder zurückbringen konnte.

Schwalben sind vollendete, anmutige Flieger, die mit großer Exaktheit und Geschwindigkeit durch die Lüfte manövrieren können. Sie sind Luftakrobaten, die überall in Nord- und Südamerika Insekten verfolgen und auf sie herabstoßen. Sie können mitten im Flug die Richtung ändern, um ihre Nahrung zu fangen, eine Fähigkeit, die sie ihrem stromlinienförmigen Körper verdanken.

Die Purpurhausschwalbe erreicht eine Länge von bis zu 20 Zentimetern und ist das größte Mitglied der Schwalbenfamilie. Die Färbung dieser Spezies verweist auch auf die mystischen Eigenschaften dieses Vogels und auf seine Fähigkeit, sich schnell durch viele verschiedene Reiche zu bewegen.

Wie die Träger des Krähen- und Rabentotems werden sich Menschen mit diesem Totem hervorragend zwischen verschiedenen Welten und Bewusstseinszuständen bewegen können. Falls die Schwalbe als Totem zu Ihnen kommt, müssen Sie Ihren gegenwärtigen Pfad mit großer Sorgfalt, Schnelligkeit und Präzision beschreiten. Dieses Vogeltotem bringt die Botschaften der Perspektive und des schnellen Handelns. Es rät Ihnen, Ihren gewählten Weg aus allen Blickwinkeln zu untersuchen, bevor Sie weitergehen.

Wie man sich mit der
Schwalben- und Hausschwalbenmedizin verbindet

Es gibt mehrere großartige Meditationsübungen, die Ihnen helfen werden, alle Schwalbenarten aus einer neuen Perspektive zu sehen. Stellen Sie sich ein Ziel vor, das Sie erreichen wollen, das aber durch irgendein Hindernis verstellt ist. Entwerfen Sie in Bezug auf jede Art mehrere Möglichkeiten, das Hindernis zu überwinden. Dadurch wird Ihr Denken flexibler, was sich in Ihrer Fähigkeit niederschlagen wird, echte Hindernisse zu überwinden, die Ihren Pfad vielleicht blockieren.

Die Schwalbe lehrt uns große Navigationsfähigkeiten, die hilfreich auf unserem Weg sind, aber wir müssen bereit sein, Alternativrouten zu erkunden, um unsere gewünschten Ziele zu erreichen.

Vögel mit schillerndem Gefieder

Dieser Teil behandelt einige der optisch spektakulärsten Vögel auf dem Planeten. Die Weisheit dieser Vögel umfasst die Freude der Erde selbst, die sich in der Schönheit des Lichts und der Farben, die dadurch entstehen, auf natürliche Weise ausdrückt. Wie Sie sehen werden, haben schillernd gefärbte Vögel schon immer einen besonderen Platz in der menschlichen Psyche eingenommen.

Kolibri

Medizin:	Bote des Schamanen, Freude, Schönheit, Liebe
Gattung:	Trochilidae
Nahrung:	Nektar
Lebensraum:	alle naturbelassenen Gebiete mit ausreichender Nahrung: Wiesen, Stadtgebiete, Felder, Küstengebiete

Der Kolibri ist eines der kleinsten Naturwunder, aber der Schatz seiner uralten spirituellen Geschichte ist dafür umso größer. Ein Mystiker aus den Anden sagte einmal über diesen winzigen Vogel: »Wenn wir den Kolibri betrachten, das lebendige Symbol … der Sonne, nehmen wir die Freude des Geistes wahr.«[25]

Ich habe viele Kolibris vor meinem Fenster beim Tanzen beobachtet, manchmal waren sie allein, manchmal zu zweit, aber immer surrten sie mit einer geradezu außerirdischen Energie herum. Vielleicht ist es die Energie des reinen Geistes, die ihnen eine solche Geschwindigkeit verleiht, oder der instinktive Trieb, alles zu genießen, was nur möglich ist, solange sie sich auf Erden befinden.

Kolibris sind auch Boten, die das Gefühl der Freude und des unbändigen Staunens angesichts der Wunder dieser Welt in uns wecken.

Der Kolibri kann mitten in der Luft schweben und schlägt mit kleinen Flügeln bis zu neunzig Mal pro Sekunde. Sein englischer Name *Hummingbird* (summender Vogel) entstammt dem summenden Laut, den seine Flügel bei seinem frenetischen Flug erzeugen. Kolibris sind wichtige Blumenbestäuber und ernähren sich ausschließlich von den Nektarsorten mit dem höchsten Zuckergehalt. Sie haben größtenteils dieselbe Aufgabe wie die Bienen, nämlich Blütenstaub zu verteilen, um mehr Blumen hervorzubringen. Im Vogelreich verstreuen sie neues Leben und verkörpern den größten Ausdruck der Freude, indem sie neues Leben erschaffen.

Kolibris haben den schnellsten Stoffwechsel aller Vögel, und man kann die Menschen, die eng mit ihrer Medizin verknüpft sind, relativ leicht erkennen. Kolibrimenschen sind immer mit irgendetwas beschäftigt und blühen durch die Energie auf, die das Alltagsleben bietet. Sie gehen und sprechen etwas schneller, sie schaffen mehr als die meisten von uns und sie wirken im Allgemeinen glücklicher als die meisten. Diese hektische Betriebsamkeit hängt mit der kurzen Lebensspanne der Kolibris zusammen, da die meisten nicht einmal ihr erstes Lebensjahr vollenden.

Menschen mit diesem Totem leben immer in der Gegenwart und finden das Leben viel zu kurz, um sich Sorgen zu machen, Angst zu haben oder sich über irgendetwas zu ärgern. Sie sind lebhafte Individuen mit großer natürlicher Begeisterungsfähigkeit.

Die Kolibriweisheit ist der Inbegriff dessen, seinem Glück zu folgen. Es ist ein Abenteuer der Sinne, wenn dieser kleine Vogel in Ihr Leben fliegt. Sie können große Energien erwarten, seien diese nun kreativ, emotional, körperlich oder spirituell, denn der Kolibri ist ein Vogel der höheren Ebenen. Für die andischen Ureinwohner symbolisiert der Kolibri die Obere Welt, das Reich der verfeinerten kreativen Energie. Aus dieser Dimension bringt der Kolibri dem *Paqo*-Schamanen Botschaften. Die Maya glaubten auch, dass der Kolibri mit der fünften Welt verknüpft sei.

Die Fähigkeit des Kolibris, in alle Richtungen zu fliegen, ist wahrhaft außerordentlich. Dieser Vogel kann an sämtliche Orte des Universums reisen, von den Sternen bis zur Erde, und gibt dieses spirituelle Geschenk an all diejenigen weiter, die er sich zu Schülern wählt. Wenn der Kolibri sich als Lehrer auf Ihre Seite geschlagen hat, müssen Sie dieses geflügelte Wesen mit großem Respekt behandeln. Kolibris verabscheuen Hässlichkeit und Brutalität und bleiben nicht lange in einem solchen Energiefeld. Viele halten den Kolibri für das Wesen, das das Herz öffnet.

Das Kolibribewusstsein weckt eine Verfeinerung des Geschmacks und einen gesteigerten Ausdruck sowie eine gesteigerte Wertschätzung der Schönheit in all ihren Formen. Wegen ihrer magischen Eigenschaften werden Kolibrifedern seit tausend Jahren zur Anfertigung von Liebestalismanen benutzt, denn der Kolibri ruft Liebe wach wie kein anderes Tier.

Wer mit dieser Weisheit arbeitet, wird reichlich Energie haben und Freude und Dankbarkeit ausstrahlen. Schamanen mit Kolibriverbündeten wirken manchmal, wenn sie auf das Kolibribewusstsein eingestimmt sind, fast wie im Delirium. Es ist eine fragile Medizin, denn aufgrund seiner überaus dynamischen Lebensweise ist es für den Kolibri eine besondere Herausforderung, ein positives Energiegleichgewicht aufrechtzuerhalten.

Nachts treten Kolibris in einen komaähnlichen Zustand ein, der als Torpor (Starre) bekannt ist und von einem Absinken der Körpertemperatur begleitet wird. Dies ermöglicht dem Kolibri das Überleben während der Nacht, wenn er inaktiv ist und keine Körperwärme durch seinen frenetischen Flug erzeugt. Menschen, die auf das Kolibribewusstsein eingestimmt sind, neigen in ihrem physischen Energiehaushalt zu Extremen. In ihrem sehr geselligen Leben wirken sie unwiderstehlich anziehend.

Der Kolibri erscheint oft Menschen, die vergessen haben, wie man die einfache Schönheit des Lebens genießt, und ist eine Art Weckruf, wieder die Freude an der Schöpfung zu erleben.

In der südamerikanischen Religion war der Kolibri das Symbol der Wiederauferstehung, weil er in jedem Frühling wiederkehrt. Die Puebloindianer tanzen Kolibritänze und benutzen Kolibrifedern in Ritualen, um Regen herbeizurufen; und die Puebloschamanen nehmen Kolibris auch als Boten, um der großen Muttergöttin, die unter der Erde lebt, Geschenke zu bringen.

Kolibris helfen Schamanen, die Welt im Gleichgewicht zu halten. Da sie Schönheit und Harmonie suchen, schenken uns diese geflügelten Wesen die Fähigkeit, die Natur zu genießen.

Der mächtigste Gott in der Aztekenreligion war Huitzilopochtli, dessen Name dem Wort *huitzilin* entstammt, was sowohl Kolibri als auch »Zauberer, der Feuer spuckt« bedeutet. Huitzilopochtli selbst wurde mit dem Kopf eines Kolibris als Helm dargestellt, und aztekische Adlige und Priester trugen oft mit Kolibrifedern verzierte Umhänge. Weil Kolibris ihr Territorium heftig und erbittert verteidigen, glaubte man, dass die Aztekenkrieger als solche Vögel wiedergeboren wurden, und die Azteken schmückten die Umhänge der Könige gänzlich mit Kolibrihäuten.

Wie man sich mit
der Kolibrimedizin verbindet

Der Kolibri tanzt mit großer Geschwindigkeit durch die Welt. Möchten Sie wie ein Kolibri sein, müssen Sie neue Möglichkeiten finden, um die natürliche Energie Ihres Körpers zu erhöhen. Dafür sollten Sie täglich spazieren gehen, viel Obst, viele verschiedene Gemüsesorten und andere organisch produzierte Lebensmittel essen und den Verzehr industriell hergestellter Lebensmittel vermeiden. Falls Sie gern Süßes mögen, dann versuchen Sie, sich auf Honig oder natürlichen ungebleichten Zucker umzustellen. Gehen Sie jeden Tag zwischen Blumen spazieren und erfreuen Sie sich an der natürlichen Schönheit der Welt. Das hilft Ihnen dabei, Dankbarkeit und Freude zu empfinden, von denen das Kolibritotem geradezu überfließt. Legen Sie sich einen Garten voller Blumen an, falls Sie nicht bereits einen besitzen. Die Nähe der Blumen wird Ihr Verständnis für die natürliche Liebe erhöhen, die der Kolibri für diese schönen Schöpfungen der Natur in sich trägt.

Es ist wirklich einfach, sich mit diesem wunderbaren Vogel zu verbinden. Die schlichte Freude am Leben und an allem, was die Erde uns bietet, genügt.

Pfau

Medizin:	Stolz, Schönheit, Kontakt zu früheren Leben
Gattung:	Pavoninidae
Nahrung:	Zecken, Termiten, Ameisen, Mäuse, Heuschrecken, Pflanzen, Blütenblätter, Samenkapseln, Skorpione, Reptilien
Lebensraum:	offene Wälder, Buschland, Dornenwälder, Regenwald

Der Pfau, ein überwältigend schöner Vogel, hat einen besonderen Platz in der Weltmythologie inne. Auf Englisch wird nur das Männchen *Peacock* (Pfauenhahn) genannt, während das Weibchen *Peahen* (Pfauenhenne) heißt. Der Pfau galt lange als Nationalvogel Indiens, und es heißt, dass die alten Könige Pfauengärten unterhielten, wo ihre Gäste die spektakulären Paarungstänze dieser Vögel genießen konnten – eine Tradition, die bereits vor vielen Jahrhunderten existierte.

Schon das alte Babylon hatte einen Pfauenthron, und diese Vögel waren dort und in ganz Persien Symbole des Hochadels. Der Pfau symbolisiert die Macht und Schönheit der Umwandlung. Man sagt, er könne Gift fressen und dieses dann in die Schönheit seines Gefieders umwandeln.

Zweifellos sind es die Schwanzfedern, die dem Pfau überall auf der Welt seinen hohen Rang verliehen haben. Sie werden seit Jahrhunderten wegen ihrer schillernden blauen und grünen Farben hochgeschätzt, und die geheimnisvolle Symbolik des »Pfauenauges« existiert heute noch.

Als Totem wurde der Pfau zum Symbol der karmischen Verbindung mit Erinnerungen an vergangene Leben. Wenn Ihnen dieser Vogel als Lehrer erscheint, werden Sie Sehnsucht nach längst vergangenen Inkarnationen empfinden oder dazu aufgefordert, eine karmische Schuld aus einem vergangenen Leben zu begleichen.

Der Pfau gilt seit dem Mittelalter als heiliger Vogel, und die heiligsten Eide wurden damals »auf den Pfau« geschworen. Auch von der physischen Beschreibung her ähnelt er von allen Vögeln am meisten dem legendären Phönix, der aus seiner Asche aufsteigt, nachdem er von den Flammen der Vernichtung verzehrt wurde. Darum ist er bis heute ein Vogel der Wiedergeburt und der Wiederauferstehung geblieben.

Oft nennt man den Pfau »Wächter des Tores zum Paradies«, und er repräsentiert die Reichtümer des Körpers, des Geistes und der Seele. Er symbolisiert den Hochadel, die Göttlichkeit, die Macht, die Schönheit und die Eitelkeit. Wenn er eine zukünftige Paarungspartnerin beeindrucken will, ist der Pfau sich ohne jeden Zweifel seines Erfolges sicher und stolz auf seine großartige Darbietung. Als polygamer Vogel genießt der Pfau das Liebeswerben.

Der Pfau als Totem vermittelt die Weisheit des Selbstwertgefühls. Dies darf man nicht mit egoistischem Stolz verwechseln, denn es geht um die Anerkennung des eigenen Wertes als göttliches Wesen. Die christliche Vorstellung von der Erbsünde hat der Menschheit einen vernichtenden Schlag versetzt. Diese Betrachtungsweise ist nihilistisch und lässt keinen Raum für wahre Selbstliebe und wahren Selbstrespekt. Der Pfau fordert Sie dazu auf, Ihren Worten Taten folgen zu lassen und Ihre Talente und Ihre innere Schönheit auf friedliche und freudige Weise mit der Welt zu teilen.

Die Pfauenmedizin erforscht auch vergangene Leben und untersucht, wie unsere früheren Inkarnationen uns jetzt beeinflussen. Man sagt, dass die »Pfauenaugen« seines Schwanzes die Zeit als ein einziges ungeteiltes Ereignis sehen können, sodass die Seele sich weiterentwickeln kann, ohne durch die Vorstellungen von Vergangenheit, Gegenwart und Zukunft unterbrochen zu werden.

Wenn der Pfau erscheint, werden Sie viele Dinge sehen und viele Emotionen erleben, die aus Erinnerungen an vergangene Leben stammen. Der Pfau schenkt diese Weisheit oft, wenn ungelöste Probleme ihre hässlichen Fratzen in unserer gegenwärtigen Inkarnation zeigen. Das kann schmerzvoll sein und Gefühle der tiefen Sehnsucht, Furcht oder Trauer hervorrufen; aber diese gehören genauso zu dem, was wir jetzt sind, wie die Erfahrungen unseres jetzigen Lebens.

Wie man sich mit
der Pfauenmedizin verbindet

Meditationstechniken, die speziell auf die Erinnerung an frühere Leben abzielen, werden Ihnen helfen, sich mit der Weisheit des Pfaus zu verbinden. Sie können auch in Träumen oder in alltäglichen Ereignissen nach Spuren suchen, die Erinnerungen an eine andere Inkarnation auslösen. Versuchen Sie, über die Schwanzfeder des Pfaus zu meditieren. Betrachten Sie das Auge und stellen Sie es sich als Pforte in die Vergangenheit vor, wo wir auch zu den ältesten Erinnerungen Zugang finden können. Vielleicht müssen Sie auch an Problemen Ihres Selbstbewusstseins arbeiten.

Versuchen Sie, farbenfrohere Kleidung zu tragen, die die herrlichen Farben der Pfauenfedern widerspiegelt. Und stehen Sie gerade und selbstbewusst. Der Pfau ist ein stolzer Vogel, der seine eigene Schönheit ohne Zögern akzeptiert und sich ganz offensichtlich seiner Bedeutung in der Welt bewusst ist – und so sollten Sie sich ebenfalls erleben!

Papagei

Medizin: Kommunikation zwischen Mensch und Tier, Farbheilung

Gattung: Psittaciformae

Nahrung: Samen, Früchte, Nektar, Blütenstaub, Insekten

Lebensraum: tropische und subtropische Wälder

Papageien sind eine prachtvolle Vogelspezies und schenken der Welt die Farbmedizin und die Heilung, die jeder Mensch durch ihre Schönheit erlebt. Menschen, die die Papageienmedizin in sich tragen, fühlen sich oft zu den visuellen Künsten hingezogen, auch zur Kostümbildnerei oder zu jedem anderen Bereich, in dem sie täglich mit Farben arbeiten können. Farben sind die wichtigsten Heiler für alle Menschen dieses Vogeltotems, und diese verwenden oft helle Farben in ihrer Kleidung und Wohnungseinrichtung.

Unter den Papageien finden sich die bekanntesten und versiertesten Stimmimitatoren. Die Fähigkeit des Papageis, die menschliche Sprache zu sprechen, macht ihn seit Jahrhunderten zu einem Bindeglied zwischen Menschen- und Tierwelt. Der Papagei lehrt uns, die scheinbare Kluft zwischen den beiden Welten zu überbrücken und als vereinte Gruppe zusammenzuarbeiten, um unserem Planeten zu helfen.

Papageien sind laute und oft aufsässige Vögel. Sie brechen in lautes Schnattern, Quietschen, Pfeifen, Trillern, Rasseln oder Jaulen aus. Einige Papageienspezies veranstalten sogar Duette, bei denen zwei oder mehrere Vögel sich in einer einzigen anhaltenden Vokalisierung vereinen. Dies dient vermutlich hauptsächlich dem Zweck, die Bindung eines Paares zu stärken.

Die Macht der Stimme ist ein wichtiger Teil der Lehren des Papageis, und wenn dieser Vogel Sie auswählt, werden Sie zu einem tiefen Verständnis für die Auswirkungen Ihrer Worte auf Ihre gegenwärtige Wirklichkeit gelangen. Unsere Stimme wird durch Schwingungen erzeugt, die die Manifestierung von Erfahrungen unterstützen. Was wir sagen, lässt eine Wellenbewegung entstehen, die entweder positive Manifestationen oder negative Auswirkungen nach sich zieht.

Papageien leben sehr lange, und häufig überleben sie ihre menschlichen Gefährten. Diese Langlebigkeit wird besonders in primitiven Gruppen verehrt, in denen das Überleben gefahrvoll und unsicher ist. Papageien sind gesellige und liebevolle Vögel: Eigenschaften, die auch den Papageitotemmenschen auszeichnen.

In Indien ritt Kama, der Gott der Liebe, mit Vorliebe auf einem Papagei. Einer seiner heiligen Vögel war der Papagei als Symbol seiner physischen Schönheit. Im alten Rom war der Papagei ein Bote des Kaisers und verkündete den römischen Bürgern dessen Ankunft.

Der Papagei ist auch ein Sonnenvogel. In der afrokaribischen Überlieferung überbringt er Nachrichten und enthüllt Geheimnisse. Beim Yanomami-Volk im Amazonasbecken werden Papageienfedern wegen ihrer heilenden und schützenden Eigenschaften besonders geschätzt. Die Federn werden oft an Pfeilen befestigt und gen Himmel geschossen, um von den Göttern Heilung und Fülle für das Dorf zu erbitten.

Wie man sich mit
der Papageienmedizin verbindet

Weil der Papagei mit den Göttinnen der Liebe und Schönheit verknüpft ist, spricht er die weibliche Seite unserer Natur an. Widmen Sie Ihrer inneren Göttin (oder Ihrem inneren Gott) mehr Aufmerksamkeit und tun Sie etwas, um Ihre äußere Erscheinung aufzuwerten. Dies wird Ihre Selbstsicherheit stärken und es Ihnen erlauben, ein bisschen heller zu strahlen.

Das Tragen bunter Farben erhöht auch die Schwingung Ihres ganzen Wesens und bringt Ihnen die Weisheit des Papageis näher. Farben können die Seele tief beeinflussen, oft auf unbewusster Ebene.

Stadtvögel

Stadtvögel gehören zu den klügsten und humorvollsten Vögeln auf Erden. Zu dieser Kategorie zähle ich Krähen, Raben, Elstern, Möwen und Tauben, denn sie alle besitzen eine unerschöpfliche Neugier und große Anpassungsfähigkeit, und sie alle sind bereit, nicht nur in der Welt der Menschen zu leben, sondern diese sogar herauszufordern und zu manipulieren.

Zu einer meiner stärksten Vogelerinnerungen gehört ein Krähenpaar, das einmal auf einem Stromkabel draußen vor meinem Küchenfenster saß. Anfangs hockten die beiden Vögel nebeneinander, aber dann rannte ein Eichhörnchen das Kabel entlang. Eine der Krähen erhob sich und flatterte zur anderen Seite des Eichhörnchens, und da begriff ich, dass sie sich über das arme kleine Tier lustig machten, indem sie es nicht vorbeiließen. Die Krähen blieben einfach hocken, während das Eichhörnchen zwischen ihnen hin- und herrannte und vergeblich versuchte, wieder hinunterzuklettern. Eichhörnchen und Hunde scheinen die beliebtesten Zielscheiben für die Späße vieler Stadtvögel zu sein, und mein verstorbener Hund Kalem erlitt viele Traumata auf Kosten hungriger und listiger Elstern.

In diesem Abschnitt habe ich die großen Aasfresser und Plünderer der Vogelwelt zusammengefasst. Zwar würden sie auch in andere Kategorien passen, aber ich hatte das Gefühl, dass Krähe, Rabe, Elster, Möwe und Taube einen eigenen Platz verdienen. Sie sind hochintelligent und haben im Gegensatz zu vielen Vögeln die Bedeutung des Sprichworts »Wen du nicht besiegen kannst, dem schließ dich an« begriffen. Sie haben sich dem absurden Bevölkerungswachstum, der Umweltverschmutzung und der Technologie unserer modernen Welt angepasst und nutzen in diesem Umfeld jede nur denkbare Möglichkeit zu ihrem Vorteil. Wenn einer dieser Vögel Ihr spiritueller Kamerad ist, werden Sie zweifellos an seiner

Vielseitigkeit, seinem scharfen Verstand und seiner Intelligenz teilhaben und wahrscheinlich auch einige eigene Tricks im Ärmel haben, um das Dasein in der modernen Welt zu überleben. Hier wollen wir die umfangreiche Geschichte der Stadtvögel ehren, deren Anwesenheit und Possen uns immer wieder aufs Neue in Erstaunen versetzen.

Krähe und Rabe

Medizin:	Magie, Tod, Prophezeiung, Heilung, Gestaltwandlung, universelles Gesetz
Gattung:	Corvidae
Nahrung:	Allesfresser
Lebensraum:	Wildnis, Felder, Parks, offene Waldgebiete und Städte

Die Krähe und der Rabe sind vielleicht zwei der geheimnisvollsten Vögel überhaupt und stellen in der modernen Welt immer noch ein Paradoxon dar. Immer und immer wieder haben sie ihre Intelligenz bewiesen und sind dafür bekannt, ihre Handlungen zu planen und dann auch auszuführen, Zahlenreihen zu verstehen und einfache Werkzeuge herzustellen. Aber trotz ihrer Klugheit und Anpassungsfähigkeit werden sie immer noch als Schädlinge verfolgt, als Wesen, die Abscheu verursachen.

Krähen und Raben zählen zu den Vögeln, die am häufigsten in den Mythologien, Religionen und magischen Traditionen der Welt erwähnt werden, und gelten als Meister in der Gestaltwandlung, dem schamanistischen Reisen und der Prophezeiung. In Irland bezieht sich der Begriff »Rabenwissen« auf die hellseherische Fähigkeit, alles zu sehen und zu wissen.

Sie beherrschen ein breites Spektrum an stimmlichen Ausdrucksmöglichkeiten und waren schon in der Antike für ihre Fähigkeit, die menschliche Sprache nachzumachen, berühmt.

In der nordischen Mythologie wurde der Gott Odin von zwei Raben begleitet: Hugin und Munin, deren Namen »Gedanke« und »Erinnerung« bedeuten. Als Hauptgottheit des nordischen Heidentums war Odin sowohl mit Weisheit, Krieg, Schlacht und Tod als auch mit Poesie, Prophezeiung und Magie verknüpft. Dies verleiht der Rolle des Raben in magischen Traditionen mehr Gewicht und erinnert auch an seine Verbindung mit der keltischen Kriegsgöttin Morrigan.

Krähen sind Aasfresser, deshalb liegt es auf finstere Weise nahe, sie mit den durch Schwerter und Streitäxte angerichteten Gemetzeln zu verbinden. Im zehnten und elften Jahrhundert n. Chr. trugen Wikingerhäuptlinge und -herrscher eine Rabenstandarte in die Schlacht, die eigentlich als Totemsymbol gegolten hatte. Gelehrten zufolge symbolisierte diese Rabenstandarte Odin als »Rabengott« und durfte nur von den jungfräulichen Töchtern der Wikinger-Kriegshelden angefertigt werden.

Seit Langem gelten Raben in vielen Überlieferungen als Boten der Sonne und waren dem König Artus heilig. Sowohl Artus als auch König Bran erhielten ihren Status als »göttliche Könige« von der Sonne, was auf die uralte Verbindung zwischen den Sonnengöttern und dem Rabentotem verweist.

Die Griechen, ähnlich wie die alten Ägypter, behandelten den Raben und die Krähe mit großer Zuneigung und viel Humor. Doch die Griechen hegten auch ein verborgenes Grauen vor diesen magischen Vögeln und betrachteten sie mit Argwohn und Angst und nervösem Gelächter. Für die Griechen repräsentierten sie das Reich der Natur, das sich sogar in den Städten durchsetzt – sie galten als Wesen, die sich der Macht der Menschen und sogar der Götter entzogen. Ein griechisch-ägyptischer Priester des dritten vorchristlichen Jahrhunderts berichtete, warum die Krähe in Ägypten ein so wichtiges Symbolbild war. Krähen galten als Symbole der treuen Liebe – hauptsächlich aufgrund ihrer monogamen Natur. Raben und Krähen wurden somit als irdische Verkörperungen der göttlichen, idealisierten Liebe betrachtet, die andernorts meist durch die weiße Taube oder einen anderen weißen Vogel symbolisiert wurde.

In der sibirischen Mythologie ist die mythische Zeit der Schöpfung mit dem Raben verknüpft. Er trat entweder als Demiurg oder als Helfer auf, der die Befehle eines mächtigen Himmelsgottes ausführte. Der Rabe besitzt in vielen Kulturen eine beachtliche schamanistische Macht und gilt manchmal als Patriarch oder Urgroßvater und urzeitlicher Ahnherr der Menschen. In Mythologien aus Polynesien und Nordamerika ist der Rabe der große Trickster – eine Eigenschaft, die den essenziellen Charakter der Rabenfamilie perfekt widerzuspiegeln scheint. Auch in Europa haben diese Vögel eine reiche mythologische Geschichte und verkörpern die Attribute des Todes und der Zerstörung.

Krähen und Raben sind anpassungsfähig, listig und klug genug, einen Scherz auf Kosten anderer zu genießen. Ihr Scharfsinn und ihre Gewieftheit sind unübertroffen, und ihre Fähigkeit, in jeder Umgebung zu überleben, ist eine große Kraftquelle. Dies ist eine wichtige Lektion für alle, die von diesen Vögeln als Schüler auserkoren werden. Wir alle erleben viele Leben, und in jedem einzelnen sind wir den ständigen Veränderungen und Wandlungen unserer Erfahrungen unterworfen. Krähen und Raben erinnern uns daran, dass wir anpassungsfähiger sind, als wir glauben. Immer und immer wieder nehmen wir Veränderungen in Kauf und setzen, so gut wir können, die uns zur Verfügung stehenden Mittel ein. Was soziale Intelligenz angeht, sind die meisten Krähen höchst gesellige Wesen, aber der Rabe ist ein Einzelgänger, der in felsigen Tälern und einsamen Hügeln zu Hause ist. Obwohl alle Mitglieder dieser Vogelfamilie viele Eigenschaften gemeinsam haben, wird der Rabe oft enger mit der Magie und den Mysterien verknüpft als seine Verwandten – wahrscheinlich aufgrund seiner einzelgängerischen und schwer fassbaren Natur.

Die Arbeit mit der Krähen- oder Rabenweisheit kann eine große Herausforderung sein, denn die Lektionen, die diese Vögel lehren, haben mit Tod, Umwandlung und großer Veränderung zu tun. In der Überlieferung der nordamerikanischen Ureinwohner heißt es, dass die Krähe der Hüter des universellen Gesetzes oder der Gesetze des Großen Geistes ist. Wenn Sie starke Krähen- oder Rabenmedizin in sich tragen, besitzen Sie eine tiefe Einsicht in die Funktionsweise des Universums und die Beziehungen zwischen seinen vielen Reichen und Geschöpfen. Die Krähe und der Rabe sind urzeitliche Gestaltwandler und haben die Illusionen von Zeit und Raum besiegt. Wenn Sie mit der Weisheit eines dieser beiden Vögel arbeiten, werden Sie sicherlich Einblick in viele verschiedene Aspekte der Welt bekommen, denn Krähe und Rabe können Vergangenheit, Gegenwart und Zukunft gleichzeitig sehen. Wenn ein Krähen- oder Rabentotem in Ihr Leben tritt, dann ist in Ihrem Leben irgendeine Art von Magie im Spiel. Die Dinge ereignen sich, als seien sie ein von einem göttlichen Komponisten erdachtes Musikstück, und Sie befinden sich genau im Mittelpunkt Ihrer persönlichen Bestimmung.

Die Veränderungen, die die Krähe und der Rabe bringen, sind unvermeidlich. Wenn Sie sich um Ihrer spirituellen Entwicklung willen mit diesen Vögeln verbinden, werden Ihnen die Veränderungen leichterfallen und die Lektionen Ihrem Wesen nützlicher sein. Die Medizin von Krähen und Raben ist zwar überaus heftig, aber die beiden Vögel haben auch sehr gern Spaß. Nehmen Sie die Veränderungen nicht *allzu* ernst, sonst versäumen Sie vielleicht einen großen Teil Ihrer aktuellen Lektion. Viele Krähen- oder Rabenfedern zu finden ist ein Weg dieser Vögel, Ihre Aufmerksamkeit zu erregen; und man findet sie meist in städtischen Gebieten. Als ich anfing, mit der Krähe zu arbeiten, fand ich *jeden Tag* bis zu drei Federn! Sie können sich vorstellen, wie schnell sie sich vermehrten.

Die Krähe und der Rabe liefern Ihnen das Große Mysterium frei Haus. Diese Medizin verlangt, dass Sie Ihre Rolle im Kosmos verstehen und dass Sie alle Teile Ihres Selbst und alle Ihre Erfahrungen verstehen und annehmen. Diese Vögel sind Symbole für die Leere, für das schwarze Loch im Weltraum und für den zeitlosen Übergang zwischen sämtlichen Welten. In der nordischen schamanistischen Tradition symbolisieren Raben die Macht der Totenbeschwörung, der Telepathie und des Hellsehens. Weil sie in der Lage sind, jegliche Zeit zu einer einzigen Wirklichkeit zu verschmelzen, können Krähen und Raben denjenigen, die sie ehren, prophetischen Weitblick verleihen.

In seinem faszinierenden Buch *Crow* erörtert Boria Sax das Paradoxon der Krähe und des Raben im Lauf der Weltgeschichte. »In der menschlichen Fantasie waren Krähen immer Wesen der Extreme. Sie sind verspielt und ernsthaft, lärmend und wortgewandt, heilig und profan.« Einerseits repräsentieren sie den Tod, die Zerstörung und die Schattenseiten der Existenz, aber andererseits schenken sie auch die Umwandlung und all die Farben, die aus der Schwärze ihres Wesens strahlen. Sie bedeuten Magie und Prophezeiung, Geburt und Schöpfung. Deshalb sind diese Vögel die Dualität aller Existenz und umfassen sowohl die Dunkelheit als auch das Licht. Das ist eine der wichtigsten Lektionen von Krähe und Rabe: Alles ist eins in der zeitlosen Leere der Schöpfung.

Wie man sich mit
der Krähen- und Rabenmedizin verbindet

Egal welche magische Zeremonie Sie durchführen, sie wird Sie mit den Kräften der Krähe und des Raben verbinden. Der Rabe ist zwar stärker mit Heilungsriten verbunden, aber beide Vögel werden Sie bei magischen Arbeiten oder Ritualen unterstützen, die irgendeinen ausgedienten Aspekt Ihres Lebens beenden. Sie tragen starke Medizin in sich, und wer sich ihnen als Führer nähern will, muss Vorsicht walten lassen, denn sie sind auch für ihre betrügerischen Possen bekannt.

Die Krähe gilt als Hüter der universellen Gesetze. Sie müssen verstehen, wie diese Gesetze in Ihrem Leben wirken und wie Ihr eigener innerer Schöpfer sie manipulieren und benutzen kann. Außerdem sollten Sie die uralte Kunst des Gestaltwandelns studieren. Beide Vögel sind eng mit transformativen Kräften verknüpft, die in der schamanistischen Arbeit angewandt werden.

Elster

Medizin:	okkultes Wissen, Klugheit, Kühnheit
Gattung:	Corvidae
Nahrung:	Allesfresser
Lebensraum:	Stadtgebiete, Waldgebiete

Die Elster gehört zu den Vögeln, die man entweder liebt oder hasst. Sie ist einer der schelmischsten und am meisten missverstandenen Vögel der Welt, scheint aber aufzublühen, wenn eine großzügige Portion Humor angebracht ist. Es gibt wirklich nichts Komischeres als eine Elster, die einen Hund neckt, um sich dann hinterlistig mit seinem Futter davonzumachen. Elstern gehören zu den besten Komikern der Natur und machen die ganze Welt durch die Rauheit ihrer Stimmen auf ihre ausgelassene Anwesenheit aufmerksam. Sie sind Meister im Schwätzen, und ich genieße es immer, unter einem Baum zu sitzen, auf dem ein großer Elsternschwarm wohnt, und mir ihren Tratsch anzuhören. Das ist sowohl faszinierend als auch erfrischend und als Zeitvertreib sehr zu empfehlen.

Elstern sind berüchtigte Diebe, die von glänzenden Objekten angezogen werden, und mitunter die komischsten und kühnsten Kreaturen der Vogelwelt. Sie hamstern und stehlen alles, was sie nur können, um es aus welchen Gründen auch immer in ihren Nestern aufzubewahren. Sie benutzen Jahr für Jahr dasselbe Nest, das mit der Zeit immer unordentlicher wird und sich mit den Dingen anfüllt, die die Elster in ihrer Umgebung findet. Diese Vögel scheinen generell von der Welt fasziniert zu sein und lieben es, auf Kosten anderer zu lachen.

Die Elster wird der »listige Prophet« genannt und verbindet uns mit den Kräften der Magie, der Weissagung und des Reisens in die Anderswelt. Sie ist seit Langem ein Vogel der Magie und gilt seit Jahrhunderten als Symbol für okkulte Kräfte und Weisheit.

In Schweden glaubt man, dass Zauberer in der Walpurgisnacht (einer Frühlingsfeier der alten heidnischen Tradition) die Gestalt von Elstern annehmen. Im übrigen Skandinavien glaubt man, dass Hexen entweder Elsterngestalt annehmen oder auf Elstern reiten.

Die Mongolen glaubten, dass die Elster das Wetter beherrscht, und sie war überall auf der Welt mit Wetterelementen verknüpft. Die Schwanzfedern der Elster sollen die Kräfte des Donners hervorrufen und sind aufgrund ihrer atemberaubenden schillernden Farben auch mit Regenbogen und demzufolge mit Regen verbunden.

Die Elster hat über die Jahrhunderte auch einen schlechten Ruf bekommen, teils aufgrund ihrer diebischen Natur und teils aufgrund ihrer Verbindung zur Hexerei. Die »Christianisierung« vieler alter heidnischer Bräuche und Tiersymbole trug wahrscheinlich zum Niedergang der Elster bei ebenso wie die biblische Geschichte der Arche Noah. Laut dieser Erzählung war die Elster das einzige Tier, das sich weigerte, die Arche zu betreten, und sich stattdessen auf das Dach der Arche hockte, wo sie den ganzen Tag quasselte.

Die Elster ist für ihre kühnen Unternehmungen bekannt, und Menschen mit einem Elstertotem werden wahrscheinlich in gewissen Lebensbereichen große Risiken eingehen. Elstern necken andere Tiere, die häufig größer sind als sie, um innerhalb ihrer Gruppe zu einem höheren Rang aufzusteigen oder einen Paarungspartner anzulocken.

Zur Elstermedizin gehört die Kühnheit, in der Welt weiterzukommen und unsere Ziele zu erreichen. Menschen mit einem Elstertotem sind zweifellos sehr interessante Persönlichkeiten. Manchmal wirken sie zwar unausstehlich auf andere, aber sie haben nichts als Fröhlichkeit im Sinn.

Wenn Ihnen ein Elstertotem erscheint, könnte es Zeit für Sie sein, die Dinge nicht mehr ganz so ernst zu nehmen und sich Ihre Scherze zu erlauben. Vielleicht fordert die Elster Sie auch dazu auf, Ihre angeborenen okkulten Fähigkeiten anzuerkennen und sich in rituellen Praktiken auszudrücken.

Die Elster war einer der ersten Totemvögel, der mir erschien, und sie ist ein sehr interessanter spiritueller Führer. Mit diesem Vogel an Ihrer Seite werden Sie einmalige Gelegenheiten haben, die spirituelle Welt zu erleben. Lassen Sie sich einfach von den Launen des Elstertotems leiten, dann werden Sie in der Art und Weise seiner wunderbaren Weisheit vorankommen.

Wie man sich mit
der Elstermedizin verbindet

Die Elster ist in erster Linie ein Vogel der okkulten Praktiken, deshalb wird eine nähere Erkundung dieser Bereiche Ihre Verbindung zu diesem Vogel fördern. Benutzen Sie jedoch Ihren gesunden Menschenverstand, wenn Sie irgendwelche rituellen Arbeiten beginnen, denn wie ihre Krähen- und Rabenvettern ist auch die Elster ein großer Possenreißer und könnte Sie in die Irre führen, wenn Sie nicht aufpassen. Denken Sie immer daran, dass die Elster überaus verspielt ist. Sie werden während Ihrer spirituellen Arbeit daran erinnert, dies nicht allzu ernst zu nehmen. Letzten Endes ist diese Verspieltheit ja nur ein Teil unseres Wesens.

Wenn Sie der Elster spirituell nahestehen, müssen Sie vielleicht lockerer werden, aber wahrscheinlich haben Sie bereits einen ausgeprägten Sinn für Humor, wenn sich dieser Vogel zu Ihnen gesellt.

Blauhäher/Eichelhäher

Medizin:	richtiger Einsatz der persönlichen Macht
Gattung:	Corvidae
Nahrung:	Eicheln, Samen von Unkraut, Getreide, Früchte, Erdnüsse, Brot, Fleisch, kleine Weichtiere
Lebensraum:	Kiefern- und Fichtenwälder, Mischwälder, Parks, menschliche Wohngebiete

Das englische Wort *Jay* (Eichelhäher) hat einen interessanten geschichtlichen Hintergrund, denn es entstammt dem lateinischen *Gaia* oder *Gäa*, was *Mutter Erde* bedeutet. Auch die Farbe des Blauhähers ist eng mit den Elementen der Erde, der Luft und des Geistes verbunden, die durch die Farben Schwarz, Blau und Weiß repräsentiert werden. Die Luft, symbolisiert durch die blaue Farbe des Blauhähergefieders, trennt die Erde (Schwarz) vom Himmel (Weiß), und dadurch wird der Blauhäher zum Bindeglied zwischen allen drei Reichen.

Die meisten Blauhäher haben vieles mit ihren Krähen- und Elstervettern gemeinsam. Sie sind sehr neugierige und intelligente Vögel und beobachten die Menschen genau, um sich das Nahrungsmittelangebot zunutze zu machen. Junge Blauhäher haben die klassische Angewohnheit aller *Corvidae*, aus Spaß mit glänzenden Objekten davonzufliegen – und diese dann fallen zu lassen, sobald sie das Interesse daran verloren haben. Blauhäher sind wie ihre Vettern große Opportunisten und haben sich erstaunlich gut an die sich ständig verändernde Welt um sie herum angepasst. Sie sind hervorragende Nachahmer und imitieren oft Habichte und andere Vögel der Wildnis. Häufig können sie in Gefangenschaft auch andere Laute nachmachen, so wie einige Worte der menschlichen Sprache oder die Stimmen von Haustieren, zum Beispiel Katzen. Das ist ein großartiger Trick, der dem natürlichen Spieltrieb des Blauhähers entstammt, aber er kann der Blauhäherfamilie auch als Überlebenstaktik dienen, denn sie können andere Vögel und Tiere verjagen, indem sie ihnen die Anwesenheit eines Habichts vorgaukeln. Der Blauhäher ist ein furchtloser Vogel und verteidigt sein Territorium mit weltbekannter Aggression.

Das Chinook-Volk der nordamerikanischen Pazifikküste verehrt den Blauhäher als Schöpfungsgott. Diese Gottheit entscheidet, wie jedes Tier leben wird, wie es sein Heim gestalten und was es fressen wird. Er ist auch der Beschützer der Menschen.

In den Mythen um den Blauhäher ist er ein Prahlhans, Intrigant und Unruhestifter ersten Ranges. Er ist der Schelm der Götter, und wenn er nicht gerade andere in Schwierigkeiten bringt, steckt er selbst oft in Schwierigkeiten. Dieser Mythos entsprang zweifellos dem Wesen des Blauhähers als Trickster und Nachahmer in der Wildnis.

Die Medizin des Blauhähers hat mit der richtigen Anwendung persönlicher Macht zu tun. Die Stärke, die wir durch unser spirituelles Wachstum gewinnen, muss verantwortungsvoll und integer angewendet werden und darf niemals dazu benutzt werden, anderen zu schaden oder sie zu manipulieren. Zwar müssen wir alle unsere individuellen Gaben als angeborene Quellen der Kraft und der Ausdrucksmöglichkeiten annehmen, aber das dürfen wir nur mit der Absicht tun, das höhere Wohl zu fördern. Wenn der Blauhäher als Totem erscheint, haben die meisten seiner Gastgeber bereits begonnen, viele verschiedene Lebenswege zu erkunden. Das Auftauchen des Blauhähers fordert Sie dazu auf, Ihr Potenzial bis zum höchsten Grad zu verwirklichen.

Seine Haube erinnert uns daran, dass wir die Meisterschaft nur erlangen können, wenn wir uns unserem Weg ganz widmen; und die »Krone« wird nur dann verliehen, wenn wir aus dem höheren Bewusstsein heraus wirken. Blauhähermenschen neigen dazu, sich eher oberflächlich mit vielen verschiedenen Bereichen zu beschäftigen, und zerstreuen dadurch ihre Energie in zu viele Richtungen. Wenn der Blauhäher Sie besucht hat, ist es Zeit, dass Sie in einem bestimmten Lebensbereich die Meisterschaft erlangen und Ihre Energien ganz in den von Ihnen gewählten Weg investieren, bis Sie ihn vollkommen verwirklicht haben. Menschen mit einem Blauhähertotem sind von Natur aus neugierig, und darum ist es wichtig für sie, nicht von einer Sache zu einer anderen zu wechseln, ohne zuerst eine tiefe Einsicht und Meisterschaft erlangt zu haben.

Die Macht des Blauhähers entstammt seiner Erforschung der Welt in ihrer ganzen Verschiedenartigkeit. Seine Medizin schenkt die Offenheit, Dinge auf neue und interessante Weise zu tun. Dieser Vogel sucht aktiv nach Gelegenheiten, seinen Sehnsüchten mit scheinbarer Furchtlosigkeit zu folgen.

Wenn Sie den Blauhäher häufig sehen, ist es Zeit, sich eine feste Grundlage zu schaffen, indem Sie Ihre persönliche Macht auf sinnvolle Weise einsetzen. Wahrscheinlich ist Ihnen die Richtung, die Sie einschlagen sollen, bereits bewusst, und nun werden Sie daran erinnert, dass, wenn Sie Ihre Ziele erreichen wollen, der erste Schritt darin besteht, sich auf einen Weg festzulegen. Machen Sie sich die Kühnheit des Blauhähers zu eigen und erforschen Sie den von Ihnen gewählten Weg gründlich. Das ist die Macht des Blauhähers.

Wie man sich mit
der Blauhähermedizin verbindet

Sich mit der Kraft des Blauhähers zu verbinden bedeutet, seine Energien zu beherrschen. Konzentrieren Sie sich immer nur auf ein Ziel oder Teilziel und vermeiden Sie es, zwischen verschiedenen Wegen hin und her zu springen, auch wenn das Leben Ihnen eine Vielzahl von Möglichkeiten bietet. Der Blauhäher ist zwar vielseitig und neugierig, aber er wiederholt immer das Verhalten, das ihm Erfolg bringt und es ihm ermöglicht, seine Umwelt zu beherrschen.

Wenn dieser Vogel zu Ihnen kommt, werden Sie aufgefordert, das Gleiche zu tun. Versuchen Sie, als Ausdruck von Verspieltheit und Inspiration die Rufe verschiedener Tiere und Vögel zu imitieren. Die Blauhäherfamilie liebt das Rampenlicht, und einige ihrer Taktiken werden Ihnen helfen, Ihre Ängste und Hemmungen zu überwinden.

Möwe

Medizin: Anpassung, Beobachtung, Schwimmen
                     mit dem Strom

Gattung: Laridae

Nahrung: Als Plünderer und Aasfresser fressen sie
                     fast alles.

Lebensraum: in der Nähe von Seen, Meeren, Flüssen
                     und Teichen und in Stadtgebieten

Seit meinem Umzug nach Vancouver Island (der mitten in meiner Arbeit an diesem Buch stattfand) bin ich ein großer Fan von Möwen geworden. Ich habe einen Einblick in die enge Verbindung gewonnen, die frühe Seefahrer mit diesen Küstenvögeln hatten – sowohl als Navigationshelfer als auch als spirituelles Vorzeichen. Fischer und Seeleute beobachteten Möwen genau, weil diese subtile Wetterumschwünge und sogar Entfernungen vom Festland erkennen können.

Alten Legenden zufolge kehrten die Seelen verstorbener Matrosen als Möwen zurück, wodurch dieser Vogel zu einem mächtigen Omen für alle wurde, die mit den Gewässern verbunden waren. Im Mittelalter glaubte man, dass Möwen die Seelen der Menschen waren, die im Meer ertrunken waren.

Diese Geschichten werden auf eindringliche Weise lebendig, wenn man einen Blick auf eine Möwe über rauem Wasser erhascht. Ihr strahlend weißes Gefieder funkelt mit einem unheimlichen Leuchten vor dem dunkelgrauen Himmel. Möwen sind schon immer Schiffen aufs Meer hinaus gefolgt, und dies hat zu diesen wundervollen Geschichten beigetragen.

Möwen nisten in geräuschvollen, dicht bevölkerten Kolonien und haben, wie man weiß, komplexe Sozialstrukturen und Kommunikationsmittel. Wie Krähen und Blauhäher sind sie überaus neugierige Vögel und besitzen eine hoch entwickelte Anpassungsfähigkeit an ihre Umgebung – sie fallen sogar in großen Gruppen über Raubtiere her, um ihr Gebiet zu verteidigen.

Als »Plünderer« sind Möwen von Natur aus intelligent und machen das Beste aus allem, was sie finden. Möwen fressen Abfälle, Reste und tauchen, falls sie in Meeresnähe leben, begierig nach Krebsen, Venusmuscheln und anderen Muschelarten, die sie aus großer Höhe auf Felsen fallen lassen, um die harte Schale zu öffnen. Wenn sie in der Nähe von Menschen leben, fressen Möwen alles, haben aber eine besondere Vorliebe für Pommes frites und Kartoffelchips. Man findet Möwen auf Müllkippen und in städtebaulichen Entwicklungsbereichen. Deshalb sind sie ein Symbol für große Vielseitigkeit und Freiheit, und sie erinnern uns daran, uns dem natürlichen Fluss des Lebens hinzugeben. Die Möwe ist ein Rebell: einzigartig und eigentümlich und stolz darauf; die »Schutzheilige der Erfinder, die versuchen, neue, geistreiche und unerwartete Möglichkeiten zu finden, um etwas zu tun.«[26]

Die Verbindung der Möwe zum Wasser macht sie zum Vorboten emotionaler Heilung. Das Tauchen der Seemöwe lenkt Ihre Aufmerksamkeit auf emotionale Wunden, die vielleicht geheilt werden müssen. Es gibt Dinge, die man loslassen muss, bevor man irgendwelche Fortschritte machen kann. Es ist Zeit, dass Sie sich über die Emotionen erheben, die Sie bisher gebremst haben, und auf den Flügeln der Möwenseele darüber hinweggleiten.

Wie man sich mit der Möwenmedizin verbindet

Ozeane und Meere sind geheimnisvolle Orte mit vielen unterschiedlichen Lebewesen. Zahlreiche Mythen haben mit

dem Wasser zu tun oder mit den Wesen, die darin leben sollten. Wie die tiefen Gewässer ist auch unser Unterbewusstsein
voller merkwürdiger und oft erschreckender Dinge. Dieses
Totem braucht die Energien des Wassers, um sich wirklich
wohlzufühlen. Verbringen Sie Zeit damit, sich mit den wech-
selnden Rhythmen des Wassers zu verbinden – vom sanften,
stillen Rhythmus bis zum rasenden, heftigen. Dies sind auch
die natürlichen Rhythmen unserer Gefühle, die wir erkennen
und ausbalancieren müssen. Die Möwe ist auch ein außerge-
wöhnlicher Opportunist und wird Sie lehren, etwas Gutes zu
erkennen, wenn es sich Ihnen zeigt.

Wenn Sie sich mit der Möwenmedizin verbinden wollen,
sollten Sie sich bewusst machen, welche Möglichkeiten Ihnen
momentan zur Verfügung stehen. Das wird Ihre Fähigkeit
fördern, Ihre Welt aus anderen Blickwinkeln wahrzunehmen.

Taube/weiße Taube

Medizin:	Frieden, Hoffnung, Reinheit, häusliche Sicherheit, Fundament, den eigenen Weg finden
Gattung:	Columbidae
Nahrung:	Samen, Früchte, Pflanzen
Lebensraum:	Diese Familie findet sich fast überall auf der Erde – Wiesen, Savannen, tropische und sonstige Wälder, Felder, Prärien und Stadtgebiete.

Weiße Tauben und die anderen Taubenarten sind in den verschiedenen Weltmythologien oft austauschbar und besitzen
größtenteils die gleichen mystischen Eigenschaften. Es gibt

zahlreiche Taubenspezies, die sich in ihrer Größe und ihrem Lebensraum stark voneinander unterscheiden. Diese Vogelfamilie hat sich fast jeder Umgebung der Erde angepasst, wodurch sie ein solides Grundwissen über die Vielfalt des Lebens auf der Erde besitzt.

Aufgrund ihrer unterschiedlichen mythologischen Assoziationen habe ich hier die weiße Taube und die anderen Taubenarten getrennt behandelt.

Wenn Ihnen einer dieser Vögel als Totem erscheint, sollten Sie jedoch die Attribute beider Vertreter der Taubenspezies studieren, um einen tieferen Einblick in die Eigenschaften ihrer Medizin zu gewinnen.

Weiße Taube

Obwohl die weiße Taube schon seit Jahrhunderten ein Friedenssymbol ist, reicht ihre Symbolik dennoch viel weiter zurück.

In früheren Zeiten, besonders im antiken Griechenland, war die weiße Taube ein Sinnbild der Sexualität und in mehreren Kulturen den Liebesgöttinnen heilig. Obwohl diese Verbindung mit der späteren christlichen Symbolik verschwand, darf man nicht vergessen, dass die Sexualität in der Antike als heiliger Akt der Verschmelzung mit dem Göttlichen verstanden wurde, nicht als etwas, was man fürchten oder gar vermeiden sollte.

Neben den starken Kräften der sexuellen Energie repräsentierte die weiße Taube auch die Fruchtbarkeit. Sie wurde von den Griechen, Ägyptern und Phöniziern verehrt und später im römischen Pantheon zum heiligen Vogel des Gottes Bacchus erkoren. Aufgrund ihrer Reinheit und inhärenten Spiritualität opferten die Menschen der Antike oft weiße Tauben, statt Menschenopfer zu bringen.

Die Medizin der weißen Taube beinhaltet die Energien der Sexualität, der Sanftmut, der Reinheit und der Friedfertigkeit und ist eine sehr alte und tiefe Weisheit. Sie ist die Vorstellung von der Vereinigung mit der Quelle des Lebens, nach der sowohl die sexuelle Energie als auch die Spiritualität streben.

In der Antike war die weiße Taube ein Symbol der Prophezeiung. Sie war auch der Vogel vieler Göttinnen der heidnischen Welt – darunter der römischen Venus, der babylonischen Ishtar und der semitischen Astarte. Aphrodite, die von diesem Vogel begleitet wurde, war eine Göttin sowohl der erotischen als auch der heiligen Liebe.

In Indien symbolisierte die weiße Taube *Paravata*, das Symbol der fleischlichen Begierde.

Als Totemvogel verbindet uns die weiße Taube mit innerer Ruhe und einem Gefühl des Friedens. Weiße Tauben sind vorbildliche Eltern und verkörpern die Energien von Heim und Herd. Als Symbol des archetypischen weiblichen Prinzips sind sie fürsorglich, mitfühlend und schenken ihren menschlichen Begleitern eine Fülle kreativer Energie.

Das Totem der weißen Taube verspricht einen Neubeginn nach einer Phase der Stagnierung und Entbehrung und erinnert uns daran, in Zeiten großer Veränderung sanft mit uns selbst umzugehen.

Taube (alle anderen Arten)

Die Taube ist für ihren unfehlbaren Instinkt berühmt, immer den Heimweg zu finden, wohin sie auch reisen mag. Manche Wissenschafter glauben, dass diese Vögel das Magnetfeld der Erde spüren und deshalb immer feststellen können, wo sie sich in Bezug auf ihren Nistplatz befinden. Die Taube hat eine sehr enge Beziehung zu unserem Planeten und ist ihm gegenüber sehr sensibel, und dies ist eine natürliche Gabe des Menschen, der die Kräfte der Taubenmedizin in sich trägt.

Weil sie immer und überall nach Hause finden, benutzt man Tauben seit Jahrtausenden als Boten. Sie dienten sowohl im alten Griechenland als auch danach im ganzen Römischen Reich als Boten, und dies führte später dazu, dass Christen sie als Gottesboten ehrten.

Ein Taubentotem ist Schutz in großem Umfang und gewöhnlich passiv in Konflikten mit anderen. Die Taube ist klug und witzig und »schaut dem wilden Treiben der Stadt in ihrer lebendigen Herrlichkeit mit ruhigem Humor zu«[27].

Die Taube ist der Beschützer und Begleiter derer, die in der Stadt aufblühen, indem sie einfach mit dem Strom schwimmen, über die Frustrationen des Lebens lachen und die vielfältige Kultur und das dynamische Leben der Stadt genießen. Die Taube ist ein vitaler und zäher Vogel, der im »Großstadtdschungel« überleben kann. Taubenmenschen sind im Allgemeinen nicht ehrgeizig und ziehen ein bescheidenes Leben vor. Sie sehnen sich weder nach Ruhm noch nach Reichtum, denn das würde einfach zu viele unerwünschte Einflüsse mit sich bringen. Sie freuen sich am Alltag und lieben und ehren die Kleinigkeiten des Lebens.

Wenn Ihnen eine weiße oder sonstige Taube als Totem erscheint, ist es vielleicht Zeit, sich wieder in seinem Zuhause zurückzuziehen. Es ist ein Hinweis, in dieser Phase Trost und Zuspruch in der Behaglichkeit Ihres Heims zu suchen und jedwede Unstimmigkeit in Geist und Körper loszulassen. Lauschen Sie der sanften Brise der Erde und dem leisen Lied der Nacht und verbinden Sie sich wieder mit Ihrem zuverlässigsten und solidesten Fundament auf Erden.

Wie man sich mit
der Taubenmedizin verbindet

Da die Taube das Totem der familiären Wurzeln ist, können
Sie ihre Kräfte sehr gut verstehen lernen, indem Sie wieder
Kontakt zu Familienmitgliedern aufnehmen. Schaffen Sie in
Ihrem Zuhause eine behagliche Atmosphäre. Ein Ort, an dem
Sie sich entspannen und Frieden in Ihrer eigenen Welt finden
können, fördert Ihre Verbindung zu Ihrem Taubentotem.

Wie auch beim Kolibri gehört es bei der Verbindung mit
dem Taubentotem dazu, das einfache Leben in Frieden zu
genießen.

Einige andere fabelhafte Vögel

Hier finden wir einige erstaunliche Vögel mit ihren eigenen einzigartigen Eigenschaften, die in eine eigene Kategorie gehören.

In diesem Teil werden Sie einer Gruppe Vögel begegnen, die sich zwar einer präzisen Klassifizierung in Bezug auf Eigenschaften zu widersetzen scheinen, aber zweifellos mit der Menschheit viel zu teilen haben.

Strauß

Medizin:	Kraft, Erdung, ätherisches Wissen
Gattung:	Struthionidae
Nahrung:	Samen, Sträucher, Gras, Pflanzen
Lebensraum:	offenes Gelände, Savannen, Wüsten

Der Strauß, ein flugunfähiger Vogel, ist das schnellste zweibeinige Tier auf Erden. Seine Erscheinung ist zweifellos einmalig, und ich persönlich bewundere seine langen Federn, auch wenn er nicht fliegen kann.

Er ist auch der größte Vogel der Welt, wird bis zu 2,40 Meter groß und wiegt bis zu 300 Pfund. Er ist sehr stark und vermag mit seiner Körperkraft einen Menschen ernsthaft zu verletzen oder gar zu töten. Wenn sich ein Raubtier nähert, wird der Strauß zu einem Meister in der Tarnung, denn er legt sich flach auf den Boden und ähnelt dadurch einem Erdklumpen. Oder er läuft einfach weg – mit einer Geschwindigkeit von 112 Stundenkilometern –, denn diese Vögel können Raubtiere aus großer Entfernung erkennen.

Wie die Elster wird auch der Strauß von glänzenden Gegenständen angezogen, die er häufig frisst. Es ist bekannt, dass er auch kleine Steine frisst, die ihm helfen, die anderen merkwürdigen Dinge zu verdauen, die er sich manchmal einverleibt. Strauße haben den Ruf, fast alles fressen zu können; und dies ist für ein Straußentotem bedeutsam, denn es verweist auf die Fähigkeit, alle Lebenssituationen »verdauen« zu können, egal wie nachteilig sie auch sein mögen.

Straußeneier werden in vielen Teilen der Welt wegen ihrer Härte und Widerstandsfähigkeit sehr geschätzt und wurden in Ägypten und anderen Teilen Afrikas oft als Wasserbehälter benutzt. Straußenfedern waren im alten Ägypten wichtig, und die Göttin Maat, die Wahrheit und Gerechtigkeit verkörpert, wurde meist mit einer Feder dieses Vogels abgebildet. Maat wog die Seelen der Toten gegen eine Straußenfeder ab, um festzustellen, ob die Seele des Toten »leicht« genug war, um in das himmlische Jenseits aufzusteigen.

Als Totem ist der Strauß ein Bindeglied zwischen der Erde und den spirituellen Welten. Sein langer Hals verbindet uns mit den ätherischen Reichen, aber seine Flugunfähigkeit lehrt uns, spirituelles Wissen zum praktischen Nutzen auf die Erde hinunterzubringen. Er ist ein wichtiger Vogel für alle, die mit vielen Vogelmedizinen arbeiten, denn die Energien des Fliegens können einen schwindelig und unkonzentriert machen, so als würde man in den Wolken schweben.

Straußenfedern werden seit Jahrtausenden sehr geschätzt und haben ägyptische Pharaonen, römische Kaiser, den in England berühmten Schwarzen Prinzen, Napoleon und Königin Victoria geschmückt.

In der babylonischen Mythologie war der Strauß mit der dunklen Göttin Tiamat verknüpft. Die Kung-Buschmänner in Afrika glaubten, dass der Strauß übernatürliche Kräfte besäße, und rituelle Straußentänze waren Bestandteil ihres kulturellen Ausdrucks. Straußenfedern galten wegen ihres prachtvollen Aussehens als edel und erscheinen auf vielen Wappen.

Wie man sich mit
der Straußenmedizin verbindet

Der Strauß ist ein erdgebundener Vogel, aber ein wichtiger Verbündeter, wenn man lernt, spirituelle Weisheit zu erden.

Wenn Sie sich mit diesem Vogel verbinden möchten, dann stellen Sie sich vor, dass die irdische Welt und die spirituellen Welten miteinander verschmelzen. Was könnten Sie nicht alles mit diesem Wissen anfangen? Durch die Straußenmedizin können wir unser spirituelles Wissen in unser Leben auf dem Planeten Erde einbinden. Sie ist der Rückflug des Geistes zur Erde. Wandeln Sie in beiden Welten, um Ihre Verbindung mit diesem Vogel zu festigen, und teilen Sie das Wissen, das aus dieser Vereinigung herrührt, anderen mit.

Geier/Kondor

Medizin:	Reinigung, Tod und Wiedergeburt
Gattung:	Cathartidae
Nahrung:	Aas
Lebensraum:	die Anden, Nadelwälder, Eichensavannen

Der andine Kondor ist nicht gerade der hübscheste Vogel auf Erden, gehört aber zu meinen Lieblingsattraktionen im Zoo von Calgary, wo er den erstaunten Besuchern stolz seine Flügelspannweite von drei Metern zeigt. Er ist der größte flugfähige Vogel der westlichen Erdhalbkugel und wirklich ein Ehrfurcht gebietender Anblick. Der Lebensraum des Kondors umfasst offenes Grasland und Berggebiete bis zu 4877 Metern Höhe. Zu den Verwandten des Andenkondors gehören der Truthahnbussard und der kalifornische Kondor, und sie alle sind wirklich beeindruckende Vögel. Sie beherrschen die Lüfte in extremen Höhen und gleiten in thermischen Aufwinden über den Anden oder den Bergketten Südkaliforniens und des Grand Canyon dahin.

Viele peruanische Schamanen schätzen den Kondor als mächtigen Heiler, und man rupft ihm seine Federn nicht aus, sondern sammelt sie auf natürliche Weise, bevor sie in schamanistischen Ritualen benutzt werden. Der hohe Stellwert des Kondors in Südamerika entspricht dem des Adlers in den nordamerikanischen Traditionen. Der Geier oder Kondor trägt viel uraltes Wissen in sich, nicht nur über den Tod, sondern auch über die unvermeidlichen Veränderungen, die darauf folgen. Buffie Johnson erklärt:

Aus Gründen, die in alter Zeit offensichtlicher waren als heute, galt der Geier vor allem als Symbol der Transformation. Dieser Vogel, eine Erscheinungsform der Todesgöttin, tötet nicht, sondern erwartet den Tod und transformiert ihn. Indem er die Toten frisst, erfüllt er eine wichtige Aufgabe: Er nimmt das vergängliche Fleisch in sich auf und wandelt es für die Wiedergeburt um.[28]

Das ist ein wichtiger Aspekt der spirituellen Alchimie, auch wenn dieser traditionell durch den Phönix symbolisiert wurde. In der griechischen Mythologie galt der Geier als Nachkomme des legendären Vogels Greif. In der Mythologie der Inka repräsentierte der Kondor die höheren Reiche auf der Weltachse, wo sich höhere Wesen aufhielten. Der Kondor wurde auch wegen seiner außerordentlichen Größe verehrt, und viele Inkastämme verstanden sich als Nachkommen dieser grandiosen Vögel.

In der alten Siedlung Çatal Hüyük in der heutigen Türkei entdeckten Archäologen einen Raum, den sie »Schrein des

Geiers« nannten und der ungefähr 6500 v. Chr. entstand. In diesem Raum befinden sich Abbildungen von Geiern, die anscheinend die Köpfe von menschlichen Figuren entfernt haben (was wahrscheinlich die Entfernung der Seele symbolisierte). Man fand dort auch Bildnisse von Menschen mit Geierhäuten.

Die Göttin Maat der altägyptischen Mythologie wurde meist mit Geierflügeln dargestellt. Als Göttin symbolisierte sie die Weltordnung, und diese Symbolik wird heute noch überall auf der Welt mit dem Geier verknüpft. Somit verkörpert der Geier das Gleichgewicht der natürlichen Lebens- und Todeszyklen.

Die Kondormedizin ist äußerst heilig und lehrt die Geheimnisse des Lebens und des Todes. Seine Nahrungsgewohnheiten erinnern uns daran, dass das Verschlingen der unreinen und »toten« Aspekte unserer selbst die Grundlage des Lebenszyklus ist. Der Kondor zählt zu den seltenen Lebewesen, die niemals töten, um zu überleben; das Gleiche gilt für die Krähe und der Rabe. Er nimmt auf der Erde einen besonderen Platz ein, denn er verwandelt den Tod in Nahrung, die ihn am Leben erhält.

Menschen mit der Kondormedizin brauchen einen großen persönlichen Freiraum und haben, wie die Adlermenschen, sehr hohe Ideale und Träume. Wer nach der Kondormedizin ausgerichtet ist, besitzt ein tiefes, inneres Vertrauen in das Universum und wird mit Großem Geist durch sein Leben schweben. Der Kondor ist der Reiniger der Erde und befreit die Welt von allem, was seinen Zweck nicht mehr erfüllt. Dies ist ein schwieriger Aspekt der Medizin dieses Vogels. Das Loslassen der Dinge, die unserem Pfad nicht länger förderlich sind, kann unmöglich und sogar schmerzhaft erscheinen.

Wenn der Kondor beschlossen hat, mit Ihnen zu arbeiten, dann treten Sie in einen Reinigungsprozess ein. Er übermittelt auch die Botschaft, ohne viel Mühen große Höhen zu erreichen. Wir brauchen uns nicht zu überanstrengen, um das zu erreichen, wonach wir streben. Wenn wir mit den Strömungen des Universums aufsteigen, erfolgt das Verwirklichen unserer Ziele spielend. Sparen Sie Ihre Energie wie der Kondor und folgen Sie den Rhythmen Ihres eigenen Fortschritts.

Der Geier ist der Lieblingsvogel der Buddhisten, weil seine Natur Erneuerung und Wiederaufbereitung beinhaltet. Er symbolisiert die Reinkarnation, ein Prozess, der die menschliche Seele nach dem Tod mit jeder neuen Inkarnation erneuert. Man glaubte, dass Losang Gyatso, der fünfte Dalai Lama, die Gestalt eines weißen Geiers annehmen konnte.

Aufgrund seiner unglaublichen Flugfähigkeiten glaubten die alten Griechen, dass der Geier vom Wind geboren war. Sie machten ihn zum Symbol der Einheit zwischen Himmel und Erde, Gut und Böse, dem Spirituellen und dem Materiellen, die sich alle im Abbild dieses Vogels vereinigten. Die Puebloindianer benutzten Geierfedern, um sich zu erden oder um nach Gestaltwandlungszeremonien »zum Selbst zurückzukehren«.

Wie man sich mit
der Kondormedizin verbindet

Als ein weiteres sehr altes Vogeltotem lehrt der Kondor eine schwierige und bedeutsame Weisheit. Wenn Sie die Zyklen des Lebens und des Todes annehmen wollen, die der Kondor repräsentiert, dann führen Sie ein Ritual aus, um die toten Dinge in Ihrem Leben loszulassen. Übergeben Sie diese Dinge dem Geist des Kondors, der sie in neues Leben umwandeln wird. Dies ist eine wundervolle Methode, alten emotionalen Unrat und alte Gedankenmuster loszuwerden. Wenn Sie Zeit an hoch gelegenen Orten verbringen, werden Sie lernen, die höhere Sichtweise dieses großen Vogels besser zu verstehen. Der Aufenthalt in einer Gebirgsregion ist für jeden mit einem Kondor-/Geiertotem eine außerordentliche Erfahrung.

Specht

Medizin:	Rhythmus, Prophezeiung, Selbstfindung
Gattung:	Picidae
Nahrung:	Insekten, Nüsse, Harz, Früchte
Lebensraum:	Waldgebiete, Savannen, Regenwälder, Bambuswälder

Früher lebte ich in einem Holzhaus, das höher lag als alle anderen Häuser in der Nachbarschaft. Nach meinem Einzug genoss ich das Privileg, meinen Wecker wegpacken zu können, denn ich wurde jeden Morgen pünktlich vom rhythmischen Klopfen eines Spechts auf meinem Holzdach geweckt. Bestimmt hätten sich die meisten Menschen darüber geärgert, aber mich als Vogelliebhaberin störte es überhaupt nicht, vielmehr verrenkte ich mich förmlich dabei, den »Übeltäter« vom Schlafzimmerfenster aus zu sehen.

Der Specht ist der Trommler der Erde, der mit seinem Klopfen den Rhythmus ihres Herzens schlägt. Dies verbindet den Specht mit dem uralten schamanistischen Trommeln, das es dem Medizinmann oder der Medizinfrau ermöglichte in einem tranceähnlichen Zustand durch die Geistwelten zu reisen. Menschen mit Spechtmedizin neigen dazu, ihren persönlichen Rhythmen zu folgen, und können sich oft willentlich zwischen verschiedenen Dimensionen bewegen.

Die Spechtmedizin hat damit zu tun, dass Sie Ihren eigenen Lebensrhythmus finden – selbst wenn das bedeutet, aus den Rhythmen der anderen auszuscheren. Dieses Totem verweist auf das Bedürfnis, »nach dem Rhythmus der eigenen Trommel zu marschieren«. Falls Sie bisher der Idealvorstellung eines anderen gefolgt sind, dann ist jetzt der Moment gekommen, Ihren Kurs zu ändern. Spechtweisheit ist ein tiefer Einblick in die natürlichen Rhythmen unseres Körpers, unseres Bewusstseins, unserer Gefühle und Gedanken.

Der Gesang des Spechts verkündet in vielen Kulturen den Beginn der Regenzeit, und die Klopfgeräusche, die er verursacht, ähneln Kriegsgetrommel und erschallen lautstark durch den ganzen Wald. Traditionell trug der Specht den Namen Prophet, weil er unter der Oberfläche der Bäume die verborgenen Dinge sehen und ans Licht bringen kann. Der Specht lehrt uns, die Schichten der Psyche abzuschälen und die Reichtümer des Wissens, die direkt darunter liegen, zu entdecken.

In der römischen Mythologie war Picus ein Gott der Landwirtschaft und besaß prophetische Kräfte. Meist erschien er als Vogel des Mars, der eng mit dem Specht verknüpft war. Abgesehen von *Picus* nannten die Römer diesen Vogel auch *Apiastra* (Bienenfresser); und die Griechen nannten ihn *Merops* (Stimmbesitzer), *Aerops* (Träger der Luftstimme) oder *Druokolaptes* (Eichen-Meißler). Entgegen der allgemeinen Auffassung bedeutet der Name *Beowulf* »Bienenwolf«: ein weiterer Name des Spechts aufgrund seiner Neigung, Bienen zu folgen. Gemeinsam mit dem Wolf war es dieser Vogel, der Romulus und Remus, die Gründer Roms, ernährte, und er spielte auch eine wichtige Rolle bei den Auspizien der altrömischen Zivilisation.

Viele Experten glauben, dass in der Jungsteinzeit in Nordamerika und in ganz Europa ein Spechtkult existierte. Einiges deutet auf das Vorhandensein eines Spechtorakels hin, mit dem in den Apenninen das Wetter vorausgesagt wurde. Es fällt nicht schwer, das zu glauben, denn der Specht wird seit Jahrhunderten »Regenmacher« genannt. Als Totem kündigt der Specht eine Zeit der Entdeckungen an. Die Antworten, die Sie suchen, befinden sich unter der Oberfläche, und Sie müssen sie im Inneren suchen.

Wie man sich mit der Spechtmedizin verbindet

Das Wichtigste an der Spechtmedizin ist der Rhythmus. Nehmen Sie an Trommelzeremonien teil, entweder allein oder in einer Trommlerrunde, und stellen Sie sich auf die natürlichen Rhythmen um Sie herum ein. Achten Sie darauf, auf welche Weise Sie durchs Leben gehen. Der Specht lehrt Sie, Ihrem eigenen Rhythmus zu folgen, auch wenn das bedeuten mag, dass Sie allein gehen müssen. Meditieren Sie zum Klang von Trommeln.

Ich finde es sehr praktisch, eine vorher aufgenommene CD abzuspielen, denn dadurch haben Sie Ihre Ruhe und sind ungestört. Dies ist eine wunderbare Methode, sich mit Ihren eigenen Rhythmen zu verbinden und den Zugang zum Unterbewusstsein zu öffnen, das Ihnen Ihren ureigenen Pfad zum Erreichen Ihrer Ziele enthüllt.

Hahn (Gockel)

Medizin:	Fruchtbarkeit, Wachsamkeit, Sexualität, Stolz
Gattung:	Phasianidae
Nahrung:	Allesfresser
Lebensraum:	Bauernhöfe, Grasland

Der Hahn ist einer der Vögel mit sehr erdgebundener Energie. Als Herold des Morgens und Quelle großer Fruchtbarkeit ist der Hahn in den Weltmythologien sehr eng mit der Sonne verbunden. Bei den alten Griechen galt er als Sonnensymbol, weil er jeden Morgen erwacht, um die zurückkehrende Sonne zu begrüßen.

Ein griechischer Hahn-Mythos erzählt, dass ein Junge namens *Alectryon* (das griechische Wort für Hahn) vom Gott Ares beauftragt wurde, während seines heimlichen Stelldicheins mit Aphrodite Wache zu halten. Der Junge schlief ein, und Helios, die Sonne, entdeckte das Paar. Der erzürnte Gott Ares verwandelte Alectryon in einen Hahn, der seither niemals vergisst, die Ankunft der Sonne zu verkünden.

Im Zoroastrismus war der Hahn aufgrund seiner Wachsamkeit ein Symbol des Schutzes vor dem Bösen; er repräsentierte das Licht und das Gute. Man glaubte, dass er als enger Verbündeter der Sonne Wache hielt, um vor dem Bösen zu warnen. Eine ähnliche Rolle spielt er in der Wikingermythologie, wo *Vithafmir*, einer der mythischen Hähne, ganz oben auf dem Weltenbaum Yggdrasil hockt und zum Schutz vor dem Bösen Wache hält. *Fralar*, der andere Hahn, lebt in Walhall und erweckt die gefallenen Helden zur letzten Schlacht.

In der altpersischen Mythologie war der Hahn ein heiliger Vogel und mit Bahman verknüpft. Es hieß, dass er den Dämon der Finsternis verjagt hatte und die Menschen zum Gebet und zur Arbeit rief. Seine Verbindung mit Bahman verweist darauf, dass er Führung und Anleitung zum Guten und zur Wahrheit symbolisierte. Der Hahn ist der Vogel, der den Sieg der Sonne über die Dunkelheit verkündet und den Feind niedergeworfen hat.

In der chinesischen Astrologie repräsentiert der Hahn sowohl physische und moralische Stärke als auch Ehrlichkeit und Treue.

Menschen mit einem Hahnentotem können etwas exzentrisch wirken und strahlen Stolz aus. Aufgrund seiner ausgeprägten Sexualität ist der Hahn ein Symbol der Fruchtbarkeit und drückt männliche Energie aus. Der Hahn befruchtet einen ganzen Harem voll Hennen, die er alle vor Eindringlingen oder Räubern beschützt. Dieser Vogel besitzt große Weisheit über die richtige Anwendung männlicher Energie, und dazu gehört die Durchführung von Maßnahmen, die notwendig sind, damit in allen Bereichen unseres Lebens Neues entstehen kann.

Träume und Ideale sind mit weiblichen Energien verknüpft und geben uns die Grundlage für alle Verwirklichungen auf der irdischen Ebene; aber es ist die männliche Energie, die uns zum Handeln treibt, wenn die Zeit reif ist. Der Hahn leitet diese ursprüngliche Lebenskraft in die richtigen Bahnen, um die Vollendung Ihrer Schöpfungen sicherzustellen.

Die Botschaft des Hahns als wachsamer Vogel kann auch bedeuten, dass Sie auf alles, was um Sie herum geschieht, besser achten sollten. Wenn der Hahn Ihnen als Totem erscheint, könnte das ein Hinweis darauf sein, dass gewisse Dinge unbemerkt an Ihnen vorbeigehen.

Wie man sich mit der Hahnenmedizin verbindet

Wenn Sie sich der Macht des Hahns annähern möchten, dann bereiten Sie sich darauf vor, frühmorgens anzufangen! Versuchen Sie, jeden Morgen vor dem Sonnenaufgang aufzuwachen, und erlauben Sie es sich, die Magie, die sich in der Morgendämmerung regt, zu spüren. Sie werden staunen, wie viel mehr Sie in den ganz frühen Morgenstunden sehen werden: Sie werden das Gefühl haben, zuvor viele Dinge verschlafen zu haben! Seien Sie in diesen frühen Stunden wachsam und nehmen Sie alle Geschöpfe wahr, die zu dieser Tageszeit aktiv sind, denn dadurch gewinnen Sie eine tiefere Einsicht in die Natur des Hahns und seine besondere Art, jeden Morgen die Sonne zu begrüßen.

Truthahn

Medizin: Opfer, Transzendenz, kleine Geschenke
Gattung: Meleagrididae
Nahrung: Nüsse, Bäume, Samen, Beeren, Insekten
Lebensraum: Waldgebiete, Sümpfe, Bauernhöfe

Truthähne und Menschen haben eine lange gemeinsame Geschichte. Der Truthahn gehört zu den beliebtesten und meistbewunderten Vögeln Nordamerikas und hat bei den Stämmen der nordamerikanischen Ureinwohner einen besonderen Ehrenplatz. Der Truthahn ist ein beliebtes Opfersymbol und begleitet all jene, die ihr Leben dem Wohl anderer widmen. Er ist das Totem der Heiligen, der Mystiker und der Mönche und verweist auf jemanden, der sein Selbst transzendiert hat.

Die Essenz des Buddha ist die Essenz der Truthahnmedizin; und Persönlichkeiten mit hoher humaner Gesinnung wie Mutter Teresa und Mahatma Gandhi strahlten dasselbe selbstlose Geben aus. Der Truthahn symbolisiert auch die Mutter Erde und ihre reichen Ernten und erinnert uns daran, dass es uns nie an Nahrung fehlen wird, wenn wir auf die Fülle des Universums vertrauen.

Wilde Truthähne sind sehr intelligent und wach und besitzen hervorragende Überlebensfähigkeiten. Sie sind von Natur aus vorsichtig, weshalb es sehr schwierig ist, sie in freier Wildbahn zu jagen. Manche Stämme nannten sie aufgrund ihrer engen Verbindung zur Mutter Erde und ihrer Fähigkeit, die Geschenke der Erde vernünftig zu nutzen, »Erd-Adler«. Der Truthahn ist der Vogel des Verschenkens, der es anderen erlaubt, sich zu ernähren, indem er sich selbst opfert. Nur sehr wenige Menschen streben eine solche Großtat an.

Die Truthahnmedizin erinnert uns sanft daran, der Mutter Erde und dem Großen Geist für die Fülle in unserem Leben zu danken. Bei dieser Medizin geht es darum, die Geschenke, die wir erhalten, dankbar anzunehmen und mit anderen zu teilen – seien diese nun materieller, spiritueller oder intellektueller Art. Falls der Truthahn als Totem zu Ihnen kommt, werden Sie dazu aufgefordert, Ihr Mitgefühl und Ihre Dankbarkeit zu verstärken. Oft ist dies für Menschen die schwierigste aller Lektionen, und es kann viele Lebenszeiten dauern, sie zu meistern.

Wie man sich mit
der Truthahnmedizin verbindet

Wenn der Truthahn Sie ruft, ist es Zeit, andere zu beschenken. Leeren Sie Ihre Schränke und spenden Sie karitativen Organisationen alles, was Sie nicht *wirklich* brauchen. Blicken Sie über sich selbst hinaus und konzentrieren Sie sich auf die Bedürfnisse anderer, wenn Sie die Weisheit des Truthahns annehmen möchten. Legen Sie ein »Dankbarkeitstagebuch« an. Nehmen Sie sich jeden Tag die Zeit, alle Dinge aufzuschreiben, die Sie erhalten oder erfahren haben und die das Gefühl der Dankbarkeit in Ihnen wecken. Sie werden staunen, wie viel Sie im Gegensatz zu vielen Bedürftigen besitzen; und Sie werden begreifen, dass Sie aus eigener Kraft nichts erreichen.

Der Geist des Truthahns wird Sie außerdem lehren, sich mit den Kräften der Schöpfung zu verbinden.

Waldhuhn

Medizin: Rhythmus, Bewegung, heiliger Tanz

Gattung: Phasianidae

Nahrung: hauptsächlich pflanzlich, zum Beispiel Knospen, Blätter und Zweige

Lebensraum: Hartholzdickichte und -wälder

Waldhühner sind klobig gebaute Vögel und besonders gut an den Winter angepasst. Die Färbung ihres Gefieders ist zwar auffällig, aber ihre absichtlich behäbige Gangart macht sie in den dichten Wäldern, die sie bewohnen, so gut wie unsichtbar. Der Paarungstanz des Waldhuhns gehört vielleicht zu seinen typischsten Eigenschaften und ähnelt einem zeremoniellen Tanz aus ferner Vergangenheit. Man hat ihn häufig mit den Sufi-Tänzern, den »Tanzenden Derwischen«, in Zusammenhang gebracht, deren wirbelnder Tanz es ihnen ermöglicht, zu höheren Ebenen der Selbsterfahrung aufzusteigen.

Zur Medizin des Waldhuhns gehört die Arbeit mit Rhythmus, heiligem Tanz und Trommeln. Sie zeigt die Zeit neuer Rhythmen und Bewegungen an und erweckt die ursprünglichen Energien des Tanzes. Seit den Anfängen der menschlichen Zivilisation gehören Trommeln und Tänze zu den heiligen Riten, Beschwörungen und Heilungszeremonien.

Für die Ureinwohner Nordamerikas ist das Waldhuhn der Hüter der heiligen Spirale. Diese Spirale taucht auf der ganzen Welt auf und ist ein Abbild der Bewegung der Lebenskraft oder des Bewusstseins an sich. Der Spiraltanz, den das Waldhuhn bei der Balz im Grunde aufführt, ist Teil seines Paarungsrituals und verweist symbolisch auf den Akt, sich nach innen ins Zentrum zu bewegen. Er ist eine wirkungsvolle Möglichkeit, zur inneren Erkenntnis zu gelangen, und wird von vielen schamanistischen Tänzern nachgeahmt. Symbolisch gesehen, verkörpert der Rundtanz den Schöpfungsakt, und das Waldhuhn als Geistgefährte wird Sie lehren, neue Dinge in Ihre Erfahrungswelt *hineinzutanzen*, indem Sie sich mit den natürlichen Rhythmen des Universums verbinden.

Wenn Ihnen das Waldhuhn als Geistführer erscheint, betrachten Sie die Bewegung in Ihrem Leben und finden Sie heraus, ob sie mit den natürlichen Rhythmen Ihres Herzens und Ihrer Seele im Einklang ist. Wenn nicht, dann bitten Sie das Waldhuhn, Ihnen bei der Schaffung eines Lebenstanzes, der Ihre wahrhaftigsten Sehnsüchte und Träume widerspiegelt, zu helfen.

Wie man sich mit
der Waldhuhnmedizin verbindet

Tanzen ist die wirksamste Methode, um Ihr Leben mit der Lehre des Waldhuhns zu verknüpfen. Beobachten Sie die kreisenden Bewegungen dieses Vogels und ahmen Sie die Spiralbewegung mit Ihrem ganzen Körper nach. Diese Bewegungen imitieren den Schöpfungsakt des Universums als ständig wirbelnde Energiemasse. Nehmen Sie wahr, wie diese Tänze Ihr Gefühl der inneren Kraft und Ihre Fähigkeit, jeden Tag Ihres Lebens neu zu erschaffen, erwecken.

Das Trommeln wird diese sehr primäre Erfahrung fördern, aber Sie können sich auch eine Trommel-CD anhören.

8

Danken,
Zurückgeben

Wir haben den Rest der tierischen Schöpfung versklavt
und unsere bepelzten und gefiederten Vettern so
schlecht behandelt, dass sie zweifellos den Teufel in
menschlicher Gestalt darstellen würden, wenn sie
in der Lage wären, eine Religion zu gründen.

W. R. Inge

Wenn Sie das Buch bis hierher gelesen haben, nehme ich an, dass Ihnen klar ist, wie wichtig Vögel für die menschliche Rasse und ihre vielen Kulturen, Religionen und Sozialstrukturen sind.

Heute brauchen die Vögel unsere Aufmerksamkeit mehr denn je, damit sie in unserer zunehmend technologischen Welt überleben können. Es ist eine Tatsache, dass wir ohne sie große Probleme hätten. Ohne Eulen und Habichte würden wir von die Ernte vernichtenden Nagetieren geradezu überrannt werden. Ohne Singvögel würden Milliarden von Insekten über uns herfallen, und ohne Kolibris hätten wir einen der größten Bestäuber der Natur verloren. Auch wenn ich nicht jede einzelne Vogelart aufzähle, ist Ihnen bestimmt klar, was für katastrophale ökologische Konsequenzen eine Welt ohne Vögel hätte – aber trotzdem verschwenden viele Menschen keinen einzigen Gedanken daran.

Ich selbst habe miterlebt, wie Eulen, Habichte und Adler von vorbeirasenden Autos getötet wurden: Geschöpfe, die einst verehrt und sogar angebetet wurden, lagen nun tot am Straßenrand. Das ist eine traurige Wahrheit, die aber gehört werden muss. Der Zauber des Lebens auf der Erde scheint mit jeder Generation mehr und mehr zu schwinden. Aber obwohl die moderne Welt nicht mehr so zauberhaft ist, wie sie einst war, kann sie immer noch gerettet werden. Die Vögel und alle anderen Tierarten der Erde, die heute noch existieren, sind immer noch bereit, uns die Geheimnisse und die Weisheit des Universums mitzuteilen. Wegen der verheerenden Wirkungen der Modernisierung ist dieses Wissen heute noch viel wichtiger als in der antiken Welt.

Ich hoffe, dass dieses Buch nicht nur zu Ihrer Bereitschaft beiträgt, sich überall an den Vögeln zu erfreuen, sondern dass es Sie auch dazu anregt, Vögeln zu helfen, wie und wo Sie nur können. Es gibt einiges, was wir alle tun können, um unsere geflügelten Kameraden auf diesem Planeten zu schützen und uns jeden Tag mit ihren Energien zu verbinden:

Füttern Sie Ihre gefiederten Freunde

Dies ist die einfachste Art, Ihr Mitgefühl mit der Vogelwelt auszudrücken. Sobald Sie wissen, welche Vögel in Ihrer Gegend beheimatet sind, wird die Bemühung, sie in Ihren Garten zu locken, zu einer wundervollen Aufgabe.

Früher in Alberta habe ich mich durch meterhohen frisch gefallenen Schnee gekämpft, um mich zu vergewissern, dass die Singvögel ihr Futter erreichen konnten. Belohnt werde ich dafür, indem ich Dutzenden von Vögeln zuhören und sie beobachten kann, und dass sie trotz des widrigen Wetters genügend zu fressen haben, erfüllt mich mit tiefer Freude.

Informieren Sie sich darüber, was die einzelnen Vögel fressen, und stellen Sie mehrere verschiedene Futterstationen und saubere Wassernäpfe auf. Hängen Sie wahrend der Wintermonate Nistkästen auf und versorgen Sie sie das ganze Jahr hindurch mit frischem Futter und Wasser. Sie können sogar elektrisch beheizte Vogelbäder kaufen, damit das Wasser in der Kälte draußen nicht einfriert. Jeder Vogel hat Bedürfnisse, die seinen Nahrungsgewohnheiten und seiner Natur entsprechen, also informieren Sie sich gründlich. Kolibris brauchen zum Beispiel den Nektar bestimmter Blumen oder eine selbst gemachte Mischung aus Zucker und Wasser. Da sie äußerst gebietsorientiert sind, teilen sie keine Futterstationen mit Kolibris, die nicht in ihrem Territorium leben. Die Mitglieder der Finkenfamilie lieben Distelsamen und Sonnenblumenkerne, während der Blauhäher die weitesten Reisen auf sich nimmt, um Erdnüsse und Brot zu bekommen. Krähen und Elstern lieben gekochte Nudelprodukte, Pommes frites, Kartoffelchips, Hundefutter, Hamburger und Würstchen und sind die perfekten Verwerter von Essensresten. Falls Sie Beerensträucher haben, sollten Sie auf Seidenschwänze achten, die sie im Nu kahl fressen werden.

Ich habe mich durch sorgsame Beobachtung und Experimente mit vielen Eigenheiten und Vorlieben der Vögel vertraut gemacht, und diese Erlebnisse waren sowohl unterhaltsam und aufbauend als auch lehrreich. Denn viele Tage lang war mein Garten von einer Vielzahl verschiedener Vögel zugleich bevölkert: Krähen, Elstern, Bootsschwänze, Blauhäher, Spechte, Fichtenzeisige, Hausfinken, Rotkehlchen und Seidenschwänze. Fast hätte ich Verkehrsampeln aufstellen müssen, um Zusammenstöße in der Luft zu vermeiden!

Wenn Sie beim Füttern konsequent sind, werden die Vögel jeden Tag pünktlich zur selben Zeit wiederkehren, um herauszufinden, was auf der Speisekarte steht. Diese einfachen Aktivitäten werden Ihnen helfen, eine engere Beziehung zu Vögeln im Allgemeinen zu entwickeln, auch wenn diese nicht Ihr persönliches Vogeltotem sind. Sie werden dadurch auch Gelegenheit haben, Vögel aus nächster Nähe zu beobachten, und folglich die geflügelten Lebewesen und ihre einzigartigen Überlebensfähigkeiten und Persönlichkeiten viel mehr zu schätzen wissen.

Außerdem dürfen wir niemals vergessen, dass Vögel in der modernen Welt vielen Gefahren ausgesetzt sind, die vom Fortschritt der menschlichen Zivilisation verursacht werden. Viele Vögel werden von fahrenden Autos getötet, prallen gegen Fensterscheiben oder fallen Haustieren wie Hunden und Katzen zum Opfer. Sie können einige sehr einfache Maßnahmen ergreifen, um dazu beizutragen, diese Gefahren zu vermeiden. Kleben Sie Abziehbilder auf Ihre Fenster, damit die Vögel das Glas als festen Gegenstand erkennen können, besonders wenn sich zwei Fenster gegenüberstehen, und halten Sie Hunde und Katzen von den Futterstationen der Vögel fern, um Konflikte zu vermeiden.

Und wenn Sie einen Vogel sehen, der von einem Auto angefahren oder auf andere Weise verletzt wurde, dann kontaktieren Sie sofort ein örtliches Artenschutzzentrum. Wenn Sie schnell handeln, können Sie einem Vogel das Leben retten und dafür sorgen, dass er bald in die freie Wildbahn zurückkehren kann. Tragen Sie für solche Fälle immer eine Notrufnummer bei sich. Falls Sie einen Vogel finden, der getötet wurde, und ihn nicht selbst aufheben wollen, dann schieben Sie ihn zumindest von der Straße weg, damit andere Tiere und aasfressende Vögel sich von dem Kadaver ernähren können, ohne ihrerseits Verletzungen zu riskieren.

Die meisten Vögel, die von Autos angefahren werden, sind Adler, Eulen, Habichte, Krähen und Elstern. Ich habe selbst viele solcher Vögel mitgenommen und mir die notwendigen amtlichen Genehmigungen besorgt, um sie gemäß der örtlichen Jagd- und Angelgesetze legal behalten zu dürfen.

Und wenn Sie noch mehr tun möchten: Die meisten Wild- und Artenschutzzentren brauchen dringend freiwillige Mitarbeiter sowohl in den Zentren selbst als auch als Rettungsfahrer.

Einige Vogelschutzorganisationen im deutschen Sprachraum und in Nordamerika

Vögel tun so viel für unseren Planeten. Sie kontrollieren die Bevölkerungsdichte der Insekten und der schädlichen Nagetiere, bestäuben Pflanzen und fressen Aas und Abfälle. Eine gesunde Vogelbevölkerung sorgt für eine gesunde Umwelt, die allen Tierarten zugutekommt, nicht zuletzt dem Menschen. Wenn die Vögel Probleme haben, dann gilt das auch für das ganze Ökosystem. Leider versteht die menschliche Bevölkerung dieses Prinzip nicht. Und das ist der einzige Grund für das Aussterben der Vögel auf unserem Planeten. Vögel leiden wie alle anderen Tiere unter der menschlichen Rasse, manchmal bis zur Ausrottung. Und nun müssen sie sich aufgrund der Klimaveränderungen auch noch neue Lebensräume suchen. Die Erde braucht die Vogelwelt, und wir können dabei helfen, sie zu erhalten. Setzen Sie sich mit einer der unten aufgelisteten Organisationen in Verbindung, wenn Sie mehr über Vogelschutz erfahren wollen, und suchen Sie sich Organisationen in Ihrer näheren Umgebung.

Deutschland

Naturschutzbund Deutschland (NABU) e. V.
D-10117 Berlin
NABU@NABU.de
www.NABU.de

Landesbund für Vogelschutz in Bayern e. V.
D-91161 Hilpoltstein
info@lbv.de
www.lbv.de

Bundesamt für Naturschutz
D-53179 Bonn
info@bfn.de

Deutsche Ornithologen-Gesellschaft e. V. (DO-G)
D-26386 Wilhelmshaven
geschaeftsstelle@do-g.de
www.do-g.de

DDA – Dachverband deutscher Avifaunisten
info@dda-web.de

Verein Jordsand zum Schutz der Seevögel
D-22926 Ahrensburg
info@jordsand.de

Geschäftsstelle Schutzstation Wattenmeer
D-25813 Husum
geschaeftsstelle@schutzstation-wattenmeer.de
www.schutzstation-wattenmeer.de

Vogelkundliche Beobachtungsstation Untermain e. V.
mails@vogelkunde-untermain.de

European Crane working group
http://kraniche.vogelfreund.net/deutsch/index.html

Österreich

Birdlife Österreich
gerald.pfiffinger@birdlife.at

Schweiz

Schweizer Vogelschutz SVS/BirdLife Schweiz
CH-8036 Zürich
svs@birdlife.ch

Kanada

Alberta Birds of Prey Foundation
Coaldale, Alberta
www.burrowingowl.com

Alberta Institute for Wildlife Conservation
Madden, Alberta
www.aiwc.moonfruit.com

Boreal Center For Bird Conservation
Slave Lake, Alberta
www.borealbirdcentre.com

le Nichoir—Wild Bird Rehabilitation
Hudson, Quebec
www.lenichoir.org

WWF Canada
www.wwf.ca

USA

The Feather Distribution Project
(sammelt auf natürliche Weise gemauserte Federn und spendet diese den Puebloindianern für religiösen und rituellen Gebrauch)
Jonathan E. Reyman, Ph.D

Illinois State Museum Research and Collections Center
Springfield, Ilinois
www.wingwise.com

California Raptor Center
California
www.vetmed.ucdavis.edu

The Center for Birds of Prey
Charleston, South Carolina
www.thecenterforbirdsofprey.org

Wild Bird Rehabilitation
St. Louis, Missouri
www.wildbirdrehab.org

Bird Rescue Center
Santa Rosa, California
www.birdrescuecenter.org

Bibliografie

Andrews, Ted. *Animal Speak: The Spiritual and Magical Powers of Creatures Great and Small.* St. Paul, MN: Llewellyn Worldwide, 1993.

Baring, Ann, and Jules Cashford. *The Myth of the Goddess: Evolution of an Image.* New York: Penguin, 1993.

Benson, Elizabeth P. *Birds and Beasts of Ancient Latin America.* Gainesville, FL: University Press of Florida, 1997.

Bierhorst, John. *The Mythology of North America.* New York: Morrow, 1985.

Bonnefoy, Yves, and Wendy Doniger. *Asian Mythologies.* Chicago: University of Chicago Press, 1993.

Bradley, Ian C. *The Celtic Way.* London: Darton Longman & Todd Ltd., 2003.

Brehm, Alfred Edmund, Henry Matthew Labouchere and William Jesse. *Bird-life: Being a History of the Bird, Its Structure, and Habits, Together with Sketches of Fifty Different Species.* J. van Voorst, 1874.

Campbell, Joseph. *The Hero With a Thousand Faces.* New World Library, 2008.

Carr-Gomm, Philip, and Bill Worthington. *The Druid Animal Oracle: Working with the Sacred Animals of the Druid Tradition.* Connections, 1996.

Churchward, James. *The Sacred Symbols of Mu.* Charleston, SC: Forgotten Books, 1993.

Conway, D. J. *Animal Magick: The Art of Recognizing and Working with Familiars.* St. Paul, MN: Llewellyn Worldwide, 1995.

Cowan, Tom. *Fire in the Head: Shamanism and the Celtic Spirit.* New York: Harper Collins Publishers, 1993.

Cunningham, Scott. *Divination for Beginners: Reading the Past, Present and Future.* St. Paul, MN: Llewellyn Worldwide, 2003.

Dimmitt, Cornelia, and Johannes Adrianus Bernardus Buitenen. *Classical Hindu Mythology: A Reader in the Sanskrit Puranas.* Philadelphia: Temple University Press, 1978.

Eason, Cassandra. *Fabulous Creatures, Mythical Monsters, and Animal Power Symbols: A Handbook.* Oxford, UK: Greenwood Publishing Group, 2007.

Fienup-Riordan, Ann. *Boundaries and Passages: Rule and Ritual in Yup'ik Eskimo Oral Tradition.* Norman, OK: University of Oklahoma Press, 1995.

Franklin, Anna. *Oracle of the Goddess.* NP: Vega Books, 2003.

Gimbutas, Marija. *The Living Goddesses.* Berkeley, CA: University of California Press, 2001.

Greene, Rosalyn. *The Magic of Shapeshifting.* Newburyport, MA: Weiser, 2000.

Greene, Thomas M. *Poetry, Signs and Magic.* Newark, DE: University of Delaware Press, 2005.

Grimassi, Raven. *The Witch's Familiar: Spiritual Partnerships for Successful Magic.* St. Paul, MN: Llewellyn Worldwide, 2003.

Heinz, Sabine. *Celtic Symbols.* New York: Sterling Publishing Company, Inc., 2008.

Johnson, Buffie. *Lady of the Beasts: the Goddess and Her Sacred Animals.* Rochester, VT: Inner Traditions, 1994.

Kaldera, Raven, and Tannin Schwartzstein, *The Urban Primitive.* St. Paul, MN: Llewellyn Worldwide, 2002.

King, Scott Alexander. *Animal Dreaming: the Spiritual and Symbolic Language of the Australasian Animals.* Glen Waverly, AU: Blue Angel Gallery, 2007.

Knight, Richard Payne, and Alexander Wilder. *The Symbolical Language and Mythology: An Inquiry.* New York: J. W. Bouton, 1876.

Krech, Shepard, and Shepard Krech III. *Spirits of the Air: Birds and American Indians in the South.* Athens, GA: University of Georgia Press, 2009.

Institute of Ethnic Literature, CASS. 2003–2009.

Laubin, Reginald. *Indian Dances of North America: Their Importance to Indian Life.* Norman, OK: University of Oklahoma Press, 1989.

Laufer, Berthold. *Bird Divination Among the Tibetans.* VDM Verlag Dr. Muller Edition Classic.

Lundberg, Murray, aus seinem Artikel *The Spiritual Swan,* 2003–2009.

MacKay, Barry Kent. *Bird Sounds: How and Why Birds Sing, Call, Chatter, and Screech.* Mechanicsburg, PA: Stackpole Books, 2001.

Matthews, John, and Ari Beck. *Celtic Totem Animals.* Newburyport, MA: Red Wheel, 2002.

Meletinsky, Eleazar M., Guy Lanoue, and Alexandre Sadetsky. *The Poetics of Myth.* London: Routledge, 2000.

Mickaharic, Draja. *Magical Techniques.* Bloomington, IN: Xlibris Corporation, 2002.

Milne, Courtney, and Sherrill Miller. *Visions of the Goddess.* New York: Penguin Studio, 1998.

Mooney, James. *Myths of the Cherokee and Sacred Formulas of the Cherokees.* Nashville, TN: Charles and Randy Elder-Booksellers, 1982.

Nozedar, Adele. *The Secret Language of Birds: A Spiritual Treasury of Myths, Folklore and Inspirational True Stories.* New York: HarperCollins Publishers Limited, 2006.

Payam, Nabarz. *The Mysteries of Mithras: the Pagan Belief that Shaped the Christian World.* Rochester, VT: Inner Traditions/Bear & Company, 2005.

Rodriguez, Junius P. *Encyclopedia of Slave Resistance and Rebellion.* Oxford, UK: Greenwood Pub. Group, 2007.

Savage, Candace. *Crows: Encounters With the Wise Guys of the Avian World.* Vancouver, BC: Greystone Books, 2007.

Savage, Candace. *Peregrine Falcons.* Vancouver, BC: Douglas & McIntyre, 1992.

Sax, Boria. *The Mythical Zoo: An Encyclopedia of Animals in World Myth, Legend, and Literature.* ABC-CLIO, 2001.

Spence, Lewis. *Myths and Legends of the North American Indians.* Vancouver, BC: Kessinger Publishing, 1997.

The Book of Gems. Cambridge, MA: Harvard University, 1846.

Turner, Patricia, and Charles Russell Coulter. *Dictionary of Ancient Deities.* New York: Oxford University Press US, 2001.

Welch, Patricia Bjaaland. *Chinese Art: A Guide to Motifs and Visual Imagery.* Boston: Tuttle Publishing, 2008.

Werness, Hope B., Joanne H. Benedict, Scott Thomas and Tiffany Ramsay-Lozano. *The Continuum Encyclopedia of Animal Symbolism in Art.* New York: Continuum International Publishing Group, 2004.

Williams, Charles Alfred Speed, and Terence Barrow. *Chinese Symbolism and Art Motifs: A Comprehensive Handbook on Symbolism in Chinese Art Through the Ages.* Boston: Tuttle Publishing, 2006.

World Mythology. London: Parragon Publishing, 2003.

Fußnoten

[1] *Die Vögel*, geschrieben 414 v. Chr., waren zur Zeit ihrer Entstehung ungeheuer komisch und gehören bis heute zu den klassischen griechischen Komödien.

[2] Die Muttergöttin personifizierte die weibliche Fruchtbarkeit und galt als Quelle des Lebens und des Todes. Die Anbetung der Göttin begann Jahrtausende vor den patriarchalischen Religionen.

[3] In seinem Werk *Ilias* verweist Homer darauf, dass die Göttin Athena Vogelgestalt annimmt, wenn sie den Kriegern in der Schlacht zu Hilfe kommt.

[4] Das *Ramayana* ist ein altes Sanskrit-Epos, das zwischen 750 und 500 v. Chr. entstand und dem Hinduweisen Valmiki zugeschrieben wird.

[5] Prosaerzählungen aus mittelalterlichen walisischen Manuskripten, um 1100–1400 n. Chr.

[6] Aus dem *Grimnismal,* einem mythologischen Gedicht aus der poetischen *Edda*, ca. 10. Jahrhundert.

[7] *Classical Hindu Mythology*, S. 32

[8] Mitte des ersten Jahrtausends v. Chr.

[9] Ein episches Gedicht aus finnischer Überlieferung, zusammengestellt im 9. Jahrhundert n. Chr.

[10] Tom Cowan, *Fire in the Head* (New York: Harper Collins, 1993).

[11] Leonard Lutwack, *Birds in Literature* (University Press of Florida, 1994), S. 46.

[12] Candace Savage, *Crows* (2005), S. 15.

[13] *The Dances of Manchu Shamans* (Institute of Ethnic Literature, 2003–2009).

[14] *Performing Arts*, S. 70.

[15] Karl Richard Lespius prägte 1842 den Begriff *Totenbuch*. Edward Naville veröffentlichte 1886 die erste komplette Standardausgabe.

[16] 1. Buch Mose 8, 6–7, Einheitsübersetzung (Herder, 1980).

[17] Cunningham, *Divination for Beginners* (Llewellyn, 2003).

[18] Laufer, *Bird Divination Among the Tibetans* (VDM Verlag).

[19] Ted Andrews, *Animal Speak* (St. Paul, Llewellyn, 1993), S. 91.

[20] Chambers, 1882, Original bei Princeton University, Hrsg. John Miller Dow Meiklejohn. *Übersetzt von C. M. Wieland.*

[21] Aus *Lady of the Beasts* von Buffie Johnson (Inner Traditions, Rochester, Vermont) S. 77 (dt.: *Die große Mutter in ihren Tieren*, Walter-Verlag, Olten und Freiburg, 1990, S. 91–92).

[22] Siehe Kapitel 1, S. 22, *Saraswati,* zu Einzelheiten über die Schwanensymbolik dieser Göttin.

[23] Aus *Ode to a Nightingale* (Ode an eine Nachtigall).

[24] *Animal Speak* (Llewwllyn, 1993).

[25] Americo Yabar, andiner Mystiker and Paqo

[26] Raven Kaldera and Tannin Schwartzstein, *Urban Primitive* (Lewellyn), S. 229.

[27] Kaldera and Schwartzstein, S. 223

[28] Johnson, S. 95

Kontakt zur Autorin

*F*alls Sie sich mit der Autorin in Verbindung setzen möchten oder mehr Informationen wünschen, schreiben Sie ihr bitte per Adresse des Verlags Llewellyn Worldwide Ltd., dann leiten wir gern Ihre Anfrage weiter. Sowohl die Autorin als auch die Herausgeber freuen sich, von Ihnen zu hören und zu erfahren, wie Ihnen dieses Buch gefallen und wie es Ihnen geholfen hat. Llewellyn Worldwide Ltd. kann nicht dafür garantieren, dass alle an die Autorin adressierten Briefe beantwortet werden, aber wir werden sie alle weiterleiten.

Bitte schreiben Sie an:

Lesley Morrison
c/o Llewellyn Worldwide Ltd.
2143 Wooddale Drive.
Woodbury, MN 55125-2989
U.S.A.

Bitte legen Sie einen adressierten und frankierten Rückumschlag oder einen US-Dollar bei, um die Kosten zu decken. Falls Sie aus dem Ausland schreiben, legen Sie bitte einen internationalen Antwortschein bei.

Heilen mit den Farben der Engel

DARSHO M. WILLING
Die Farben der Engel
Das Licht der 14 Strahlen
272 Seiten
€ [D] 18,00 / € [A] 18,50
sFr 24,90
ISBN 978-3-7934-2170-2

Das Buch stellt die unterschiedlichen Engel des Lichts vor und beschreibt, wie man sie kontaktiert, mit ihnen arbeitet und ihre Farben für sich selbst und andere zur Heilung einsetzt. Es ergänzt die Visualisations- und Orakelkarten »Farben der Engel«, kann aber völlig unabhängig davon gelesen und genutzt werden. Die Autorin hat von jedem der Engel eine zentrale Botschaft empfangen, die sie an ihre Leser weitergibt.

Das ganzheitliche Standard-werk

Allegria

NANCY ARROWSMITH
Das Buch der heilenden Kräuter
Herbologie, Heilkraft, Rezepte
und Geschichten
624 Seiten
€ [D] 18,00 / € [A] 18,50
sFr 32,90
ISBN 978-3-548-74460-5

NANCY ARROWSMITH

DAS BUCH
DER HEILENDEN
KRÄUTER

Herbologie,
Heilkraft, Rezepte
und Geschichten

Allegria

In diesem ganzheitlichen Handbuch der Kräuterkunde werden die wichtigsten europäischen Heilkräuter in Einzelkapiteln vorgestellt. Es erläutert die kulinarischen, kosmetischen sowie die herkömmlichen volksmedizinischen Anwendungen sowie die wissenschaftlich bewiesene Wirkung der Kräuter. Nancy Arrowsmith beschreibt, wie man Kräuterkosmetik herstellen kann und wie man Kräuter früher in Haus, Hof und Viehstall verwendete sowie ihre magischen Anwendungen. Abgerundet werden die Kapitel mit den schönsten Zitaten aus Belletristik, Gedichten und historischen Quellen.

Die Selbstanwendung der Energetischen Medizin

UWE ALBRECHT
Heilapotheke
Werde Dein eigener Heiler
316 Karten,
€ [D] 29,99
€ [A] 30,90, sFr 49,90
ISBN 978-3-7934-2212-9

Inner Wise® ist ein einzigartiges neues System der energetischen Medizin, das hilft, die richtige Energie zur energetischen Balancierung zu finden und für den Selbstheilungsprozess zu aktivieren. Mit Hilfe der unter Anleitung der Testkarten gezogenen Heilsinfonie-Kärtchen lässt sich über einen Nummern-Code im Begleitbuch eine bestimmte Heilenergie finden. Diese Energie wird auf das beiliegende Amulett übertragen und entfaltet von dort im Sinne der energetischen Medizin ihre Wirkung. Das Amulett hat keine »magische« Bedeutung, sondern ist ein autosuggestiver Anker, wie er in verschiedenen Therapien Anwendung findet.